プロローグ　「社長の勉強法」とは何か

この本は、勉強のノウハウ本です。

ただし、「社長の勉強法」です。

経営者として活躍する社長や経営者のための勉強法であると同時に、社長になるための勉強本、正確に言えば、**成功する社長を目指す人のための勉強本**でもあります。

もちろん、経営者や、経営者を目指す人だけでなく、人の上に立つ人なら誰でも役立つ本だと思います。そういう意味では、**中間管理職になる人、チームリーダーになる人にとっても、有効なノウハウ本**とも言えます。

本書では、それらをまとめて、「社長の勉強法」と言うことにします。

若手のビジネスパーソンの人でも、いつかは人の上に立ちたい、経営者になりたいと思っている人は、是非とも本書で「社長の勉強法」を学んでほしいと思います。

社長に共通する4つの特徴

「普通の勉強法」と「社長の勉強法」とは、いったいどこが違うのでしょうか？

その違いを探るために、社長と会社員の違いに目を向けてみたいと思います。これまで多くの社長とお会いした結果、共通する社長の特徴は、以下の4つです。

1. 忙しくて時間がない
2. 課題が山積み
3. その場で即決しないといけない
4. 人事の仕事が重要

会社員の人でも「いつも忙しい！」と思っているでしょう。しかし社長は、その何倍も忙しいのです。なぜなら、課題が山積みだからです。

そのため、その場で即決する決断力がなければ、問題は先延ばしになってしまいます。どんなビジネスでも、販売する時期、勝負する時期が重要ですから、その期を逃してしまったら、会社に大きな損害を与えてしまいます。

いつも緊張した状態で、いつも的確な判断ができなければ、社長としての器《うつわ》がないと言わざるを得ません。

また、社長にとって一番大事な仕事は、人事採用と後継者作りだと私は思っています。優秀な人材が集まれば、どのような商売をしても大概うまくいくのではないでしょうか。

なぜ、普通の勉強ではダメなのか？

このような社長業の特徴を考えると、社長になるための勉強内容が見えてきます。

1. 短時間で効率的な勉強をする
2. 一生勉強を続ける
3. 広範囲な勉強をする

4. どんな問題でも立ち向かえる解決能力を磨く
5. 人を見る目を養う

企業が存続している限り、課題はなくなりません。必ず、新たな課題が次々と生まれます。それは、状況はいつも変化するからです。取り巻く経済環境も変わりますし、内部の体制も変化します。

だからこそ、短時間で効率的な勉強をする必要があります。しかも、一生勉強を続けないといけません。ここで一生というのは、自分がリタイアするまでのことです。

また、自分の専門分野だけを勉強すればいいというわけではないので、広範囲な勉強をする必要があります。

私はマーケティングの専門家ですが、他分野のセミナーや勉強会に参加したり、売れている本を読んだりして、常に学び続けています。

上に立つ人間のほうが、忙しいにもかかわらず、勉強するジャンルが広いということですね。

さらに、課題がなくならないということは、なかなか解決できないものがあるということです。課題を解決するノウハウはありますが、実際にビジネスをしていると、課題はそれほど簡単な構造にはなっていません。

外的、もしくは内的な要素・要因が複雑に絡み合っているのが世の常です。

だから、**自分で考えて解決する能力**が欠かせません。

そのためには、「目標設定能力」と「逆算力」が重要になってきます。詳しい内容は本文中に委《ゆだ》ねることにしますが、実は**「目標設定能力」も「逆算力」も勉強することで身につく**のです。

多くのことを勉強して、多くの人と会うようにすると、いつの間にか人を見る目が変わります。自分の人間的な魅力を高めれば、採用する際に重要なことが見えてきます。

私は「素直さ」が一番大切だと思っていますが、その他にも「50年後の目標を持っているか」など、その人の本気度、魅力を見抜けるようになってきました。

なぜ、今「社長になるための勉強」が必要なのか

今の世の中、勉強に対して消極的な人が多くなっていると思います。

自分がいくら努力しても報われないと思っている人も多いでしょう。自分1人の力では限界があります。不況という大きな渦に飲み込まれてしまったら、今まで努力してきたことが水の泡になってしまうからです。

その最たる例が、リーマンショックであり、GM破綻、ドバイショックです。日本で言えば、TOYOTAの大規模リコール問題、JAL破綻が挙げられます。

つまり、運が悪ければ、頑張りが一瞬で消え去ってしまう可能性があるのです。

日本も長年、不況が続いています。若者の中には、将来の不安が強いため、貯金をしたり、公務員試験を受けたりと、保身に走っている人が多いようです。

それも、1つの生き方ですので、私が否定することではありません。

しかし、私はもっとポジティブなとらえ方をしています。

それは、**不況だからこそ、先が見えないからこそ、勉強が必要だ**という考え方です。

考えてもみてください。好景気のときは、誰もが上にのぼることができます。昔の高度経済成長がいい例ですね。大した勉強をしなくても、大した成果を上げなくても、必ず出世できた時代です。年功序列という制度のお陰で、勉強しても勉強しなくても、他の人と同じだったわけです。

ところが、今は違います。誰もが上の立場に立つことはできない世の中になったのです。**勉強をして、自分を高める努力をした人しか、出世できない**ということです。

逆に考えれば、チャンスだと言えます。

誰も勉強しようとしない、誰も努力しようとしない、誰も自分を高めようとしないのであれば、自分が頑張れば、まわりの人と圧倒的な差をつけられるからです。

今こそ、真の「社長の勉強法」が求められている時代はないのではないかと、私は思っています。

「仕事力」を磨ける勉強、磨けない勉強

仕事と勉強には、共通点がたくさんあります。

たとえば、仕事でも勉強でも、まずは全体を知ることからはじまります。それは、仕事では「勝てる領域を選ぶ」というマーケティング戦略になりますし、勉強では「将来の目標と今の自分を知る」ということになります。

また、投資という考え方も重要です。ビジネスで投資は必要不可欠ですが、勉強でも投資が重要です。時間とお金の投資ですね。投資するからには、その効果をしっかりと考えないといけません。

つまり、**投資したお金への見返りＲＯＩ（リターン・オン・インベストメント）、投資した時間への見返りＲＯＴ（リターン・オン・タイム）を常に意識しないといけない**ということです。

本書では、その他にもさまざまな共通点を紹介していきたいと思います。

社長の仕事の2つの要素とは？

このように見ていくと、「社長の勉強法」には、2つの要素があることがわかります。
1つは、**「勉強する内容」**です。私は5つのテーマがあると思っています。

①広報・メディアリレーション
②マーケティング
③セールス
④財務
⑤人事

ビジネスマンとして成功したいなら、社長として活躍したいなら、この5つを勉強しなければいけません。1つひとつについて、詳しく説明するのは、本書の主旨ではありませんので、第1章の最後でおすすめの本を紹介するに留めておきます。もし何を勉強したらいいかわからない人がいるならば、①から順番に勉強していくことをおすすめします。

2つ目の要素は、**「勉強の技術」**です。本書では、この要素について詳しくみていきたいと思います。

「勉強の技術」とは、勉強に取り組む姿勢、目標設定の技術、時間管理術、モチベーションを保つ方法、情報収集能力、読書法、便利なツールの使い方……などのことです。

たとえば、目標設定の技術では、将来へのロードマップを描くことで、「目的の見える化」を行います。そうすると、最短距離で目標まで到着できるようになります。

また、時間管理術では、1日を4つに分けることで、各時間にするべきことを明確にしていきます。

このような誰でもすぐできる実用的なノウハウをいくつも紹介していきたいと思いますが、それは「勉強の技術」だけではありません。「仕事の技術」でも同じことなのです。

つまり、**「社長になるための勉強の技術」を学ぶとは、「社長になるための仕事の技術」を学ぶと言い換えることができる**のです。

こう考えるだけで、結果が劇的に変わる！

「社長になるため」という目的意識を持って勉強するのと、ただ単純に資格を取るために勉強するのとでは、大きな違いがあります。目的が違うので、結果は違って当たり前だと思います。

資格を取るための勉強では、単に「資格が取れてよかった」と思うだけです。その資格を取ることで、自分の仕事の幅は広がるかもしれませんが、あくまでも自分が現在している仕事の領域から飛び出すことはできないでしょう。

しかし、**社長になるために資格を取るというのであれば、もっと広い視野で資格というものをとらえるはず**です。たとえば会計士の資格を取るのでも、その後独立することを考えて勉強するでしょうし、他の業態でも財務表を見られたほうが経営者として有利だと考えるはずです。

同じ勉強するなら、どちらのほうがいいでしょうか？

もちろん、プロの会計士になるという目標を持っている人なら、資格を取ることだけに注力してもいいと思います。

しかし、本書『社長の勉強法』を手に取っていただいた読者なら、後者のほうがいいと思うはずです。

誰でも勉強すれば、社長になれる！

私はもともと勉強が得意ではありませんでした。

高校生までは、勉強もせずに野球に明け暮れる毎日でした。大学でも、勉強よりもアルバイトを優先する、どこにでもいる普通の大学生だったのです。

そんな私ですから、就職してからも、うまくいくはずがありません。多くの失敗を繰り返しました。何をやってもうまくできる能力の高い人が羨《うらや》ましかったくらいです。

「能力の高い人に勝つにはどうすればいいか？」と、私は自問自答を繰り返しました。

私は、**どんな仕事でもがむしゃらに取り組んで、すべてを吸収すること**。そして、そのためには**「勉強するしかない！」という結論に至った**のです。

その後、ノンバンク、生命保険会社、マーケティング会社、通販会社を経て、２００１

年に株式会社ドクターシーラボの代表取締役に就任しました。その2年後には、ジャスダック店頭公開を果たすことができました。

また翌年の２００４年には、株式会社ネットプライスの執行役員に就任し、東証マザーズ株式公開にも立ち合いました。

何の取り得もなかった私が、2社の上場に成功できたのも、すべては勉強のお陰だと思っています。いろいろな本から学び、いろいろな方から教えを請《こ》い、現在の自分がいるのだということに頭が下がる思いでいっぱいです。

成功する社長になるためには、もともと特別な能力が必要ではありません。ただ、**常に勉強しようという姿勢を貫き、どんなことからでも学び続けることができるかどうか**です。

多くの経営者を見ていますと、熱心に事業に取り組んでいるにも関わらず、なぜか間違った方向に進んでいる人がいます。それでは、時間もコストも、そして努力も無駄になってしまいます。

正しい方向に向かって指揮を取ることが社長としての大切な仕事です。

そのための考え方を本書で学んでいただければと願っています。

目次

第2章

24時間を無理なくフル活用する 時間管理術

第3章

勉強力を強化する 目標設定法

第4章 実戦で仕事頭を強化する知的生産法

第5章 成功する勉強、失敗する勉強

第1章

短時間で効率的に学ぶ インプット法

勉強で大事な「3ステップ・アプローチ」

「成長したい」という意欲があることが、勉強するうえでの最初の鍵となります。どんなにすぐれた勉強法でも、そもそも成長する意欲がなければ、大きな成果を期待することはできません。

次に、成長したい意欲があったとしても、「勉強の技術」が間違っていると、それもまた苦労が多い割に成果は伴わないことでしょう。

「勉強の技術」を間違ってしまうのはなぜなのでしょうか。

それは、「勉強は暗記」だと考えていることが、大きな間違いだからです。確かに、ものによっては暗記をしなければならないケースもありますが、暗記をすることが勉強することではありません。

「勉強は暗記」と考えているのであれば、その考えを変えるうえで、ここからの話はとても大切になります。

勉強でもっとも重要なことは「できるようになる」ことです。

私は、成長とは「自分の知らなかったことを知ること」「自分がわからなかったことがわかるようになること」「自分ができなかったことができるようになること」と解釈しています。

勉強においても、まず「知る」こと、次にそれがなぜそうなのかを「わかるようになる」こと、最後にわかったことを「できるようになる」こと、と置き換えることができます。

暗記だけでは「知る」「わかる」のレベルまでなので、せっかく知り、わかったことが行動として実践「できる」レベルで身についていないのです。

だから、応用力を求められたとしても、暗記と暗記を組み合わせたり、暗記した情報から予測できる新しい可能性が見つけられません。

わかる＝理解、できる＝実行を伴う勉強法は次の３ステップです。

ステップ1…まず、対象情報の仕組みや全体像を知る
ステップ2…次に、なぜそうなのかを分析して理解する
ステップ3…最後に、理解したことを何度も復習して何度でも実行できるようにする

勉強には時間とエネルギーの投資が必要です。

忙しい社長が、限られた時間でどうやって勉強するかは、この3ステップをいかに効率よく進めているかに尽きます。これが社長の勉強法の基本となる考え方です。

たとえば、東京から大阪に行く方法にはどんなものがあるでしょうか？　新幹線や飛行機がすぐに浮かびますが、実際は普通電車を乗り継いで行く方法や高速バスだってあるわけです。どの方法を選択するかは、目的によって変わってきます。最速の方法は新幹線、安く行くならバスということになるでしょう。

これは勉強も同じで、投資できる時間やエネルギーがどの程度か、何のために勉強するのか、欲しい資格は何か、それらによって方法が違ってくるのは当たり前です。

どのような方法で勉強をはじめるにしろ、**その勉強はどのようなものかを知るところからはじめるのが、効率よく勉強する最初のコツになる**のです。

東京から大阪に行くにはバスに乗る方法しか知らない場合、急いで大阪に行きたいのに新幹線に乗ることができず、慌てて飛び乗ったバスが大阪行きではなかった、ということも起こりうるのです。

3ステップで本を読む

では、具体的に3ステップ・アプローチを使って、どのように勉強を進めればいいのか。ここからは、本を読む場合を例にとって話を進めます。

3ステップ・アプローチの流れはこうでした。

「知る」→「わかる」→「できる」

本という文字情報を効率よくインプットする場合でも、この流れに沿って3回読めば、お金と時間の投資を効率よく回収できます。

もう一度繰り返しますが、その本にどんな情報があるのかを知り、具体的な情報は何かがわかり、わかった情報を実際にできるようにする。このステップはどんな勉強でも変わりません。

1回目…どんな情報があるのかを知る

より具体的な情報のとらえ方は、後ほどご紹介しますが、本を読む場合には、まずどんな内容が書かれているのか、自分の知らないことがどの程度書かれているのか、**とにかく全体像を知ること**だけを、1回目の目的にします。

そのためには、目次を頼りに一気に読んでしまうことです。わからないことをじっくり調べたり、知らないことに囚われて考え込むのは後回しにして、**とにかくスピードを最優先することが重要**です。

2回目…具体的な情報がわかる

次に、自分の知らない情報をしっかりインプットする段階です。

この作業のことを普通に言えば「本を読む」です。本を読むことに限らず、仕事も勉強もスピードが大事ですが、あまりにスピードを意識しすぎて情報をインプットできなくなってしまっては、本末転倒です。

読むスピードは慣れとスピードを意識することで徐々にできるようになりますから、まずは**しっかりと書かれている情報がわかること**です。これが2回目の目的です。

3回目…わかった情報を実際にできるようにする

いよいよ勉強でもっとも大事な「できる」ようにするのが3回目です。

「できる」とは、知識としてわかるというレベルから一歩進めて、実際の行動に移せるレベルにすることです。

そのためには、繰り返し何度も復習することで、いちいち考えなくても気がついたら行動しているようにすること。つまり、「行動の習慣化・自動化」をすることです。

「できる」のもう1つの基準は再現性です。

これは何度でも繰り返しできることを意味します。そうなるためにも、**有効な方法は繰り返し何度も復習すること**が一番です。

もっと詳しい実践的な方法は、後ほどご紹介します。

大量の情報をインプットする方法

もはや、誰もがインターネットで情報収集をするようになりました。私もインターネットは有効な情報収集手段だと思います。

そして、世界中の最新情報が瞬時に手に入るという点でも、インターネットは勉強に必須のツールです。

検索サイトで専門用語を調べれば、仕事に必要な情報が簡単に手に入りますし、資格試験の最新情報や先輩合格者の体験ブログまで、疑問の解決にとても役立つからです。

各種の専門家や研究者たちは、インターネットを活用して意見を発信したり、研究成果を発表するのが、当たり前になっています。さらに、それを見た周囲の人々が常に意見や質問を交換し合っているわけですから、情報量は膨大で、かつ更新スピードがものすごく速いわけです。

これまでは、たくさんの情報を集めることが、情報を収集する力として大切な要素でした。

しかし、もはやインターネットを使って、瞬時に欲しい情報が手に入るのが当たり前の時代になっています。

今後は、**集まった大量の情報の中から、本当に必要な情報とそうでない情報を見極める力**が必要になりました。さらに、**その情報を自分が欲しい形に整理する力**が求められているのです。

たとえば、ただ漠然と検索するだけでは、何万件とヒットするものが多いので、どの情報が必要でどの情報がそうでないかは判断できません。目的を明確に持ってこそ、インターネット検索は価値を持つのです。目的なくインターネットと向き合うことほど、時間とエネルギーを無駄にすることはありません。

かといって、インターネットでの情報収集を怠たれば、スピードの速い現代ではすぐさま時代の波に取り残されていくでしょう。

ではどうすればいいのでしょうか？

情報を大量に集めても、かえって混乱してしまうことがあるわけですから、やはりインターネットを使いこなすには、必要な情報を見極め、情報を整理する力を高めることが何より重要だと言わざるを得ません。

同時に、検索でヒットした情報から何を読み取るか。つまり、**インスピレーションや洞察力を養うこと**がその先にあります。たとえば、検索した情報から何か発想が得られたら、すぐさま仮説を作って具体的なシミュレーションをします。

このように、少ない情報からでも自分なりの仮説を立てる能力を身につけておくと、インスピレーションや洞察力が徐々に研ぎすまされてきます。

仮説力が乏しいと感じている人は、目の前の細かいことや一般的な常識に目を奪われがちな人です。仮説はあくまで仮説です。本当に実行してはいないのですから、間違っていればやり直しも取り止めも却下もできます。

だから「仮説」なのです。わかっていても、実際やってみようとすると難しいことです。でも、まずはやってみなければわかりません。インターネットを活用してこの仮説力を養ってみることをおすすめします。

情報を集めることが容易になった今日、一方で捨てることの重要性も増してきました。必要な情報と不必要な情報を選別し、**不必要な情報を捨てる勇気**が必要です。

価値ある本を何度も読む「繰読術」

インターネットで集めたり、調べたりする情報は、確かに鮮度が高いと言えます。

しかし、実際には時間がたっても鮮度が落ちない情報もあります。

それが本です。

たとえば、私は通販のことはよく知っていますが、ビジネススキルを上げるために、マーケティング関連の本を好んで読んでいます。そして、人材開発や組織開発の分野、あるいは自己啓発の本も多く読みます。

しかし、それだけでは情報が偏ってしまいます。

そこで、**ジャンルを問わず、長く読み続けられている本を読む**ようにしています。経営であっても、芸術やスポーツであっても、「真髄《しんずい》として共通するものは何か」に注目して読むのです。


海には波があります。それは海面に見えているのでわかりやすいのですが、波の下には潮があります。目には見えませんが、潮の流れは波の動きに比べると、海全体の流れに大きな影響を与えます。

簡単に集められる、誰でも知っている、つまり次々に押し寄せる〝波〟のような情報ばかりではなく、目立たないけれど、奥深く脈々とした流れでしっかりと方向性を作っていく〝潮〟のような考え方も学ぶ必要があるのです。

大事なことは、そういう本は何回も読むということ――。

これは一見無駄なように感じるかもしれませんが、記憶に定着させるためにはとても重要なことなのです。先ほどの本を3回読むというのと同じ理由です。

いかにいい本からいい情報を得たとしても、ほとんどの情報はすぐに忘れてしまいます。感銘を受けたと感じている本があったとしても、そこにどのようなことが書いてあったのか、なぜそれに感銘を受けたのか、なかなかすぐに思い出せるものではありません。

ある程度の年齢になると、膨大な量の本を読んでいると思います。それは1冊や2冊ではないはず。いくら大量の本を読んでも、身についていなければ、そして実践できていなければ、せっかく得た情報もその価値はほとんどゼロと言っていいでしょう。

そうならないためには、**いいと思った本、感銘を受けた本は、何度も繰り返し読んで、記憶に定着させる。**もっと言えば、**その通りに実践できるように習慣化する**ことこそが大事なのです。

本選びに欠かせない「波パターン」と「潮パターン」

どんな本を選べばいいか悩んでいる人も多いのではないでしょうか。

書店には押し潰されそうなほど、本が溢れかえっています。毎月、新刊が数万点も出ているというのですから、どんな本を読めばいいかわからなくても仕方がないかもしれません。

私の場合、本選びの基準は2つのパターンがあります。

それは、「波パターン」と「潮パターン」です。

まずは、**「波パターン」の本選び**です。

「波パターン」とは、隙間の時間でいいから、とにかく読

2つのパターンで選んだ本たち

んでおこうというものを選ぶパターンです。アマゾンなどを見て**ランキング上位の本、土《ど》井英司《いえいじ》さんや藤井孝一《ふじいこういち》さんなどの信頼できる書評家や読書家、勉強家の知り合いがすすめている本**を買います。また、多読書評ブロガーの石井さんのようなブログを参考にしたりもします。

人気のある本は、人と会っているときに話題に出ることが多いので、とにかく押さえておこうというのが目的です。

また、今どんなことが注目されているのかを知っておくと同時に、どんな切り口や構成、タイトルの見せ方が読者を引き寄せるのか、といった売り方の部分にも注目しています。

それは、支持されている内容とマーケティングの両方に興味があるからです。流行や興味のあることに惹かれるのは、当然のことです。

これが、「波パターン」の本選びですね。

もう1つは、**「潮パターン」の本選び**です。

その方法は、**棚に並んでいる本の中から、あとがきと目次を見て判断**します。目次の中で一番気になるところをペラペラと読みます。ヒントになりそうなものがありそうだと感じたときは買います。

あとがきを読むのは、どういう人が書いているのかが知りたいからです。人を知ると内容を想像できます。経営の経験がある人は、経営者の観点で物事をとらえるでしょうし、セールスで実績のある人はモノを売ることに関して、独自の考え方を述べるだろうと逆算できるのです。

そういう意味では、プロフィールも必ず読むようにします。

あとがき、プロフィール、目次と気になった箇所を読んだとき、自分が想像した内容と一致しているかどうかを判断の目安にしています。

実績のある人が自分の知らなかったことを教えてくれるのですから、知っておいて損はない。知らなかったこと、できなかったことを千円ちょっとの投資で身につけられると思えば、ものすごく安い投資です。

本を読む効率を上げる「本のグループ化」

次は、選んだ本をどう読むかという問題があります。

読みたいと思って本を選び、千円ちょっととは言え、せっかく投資したのに、結局読み終わるまでに時間がかかってしまったり、中には読みはじめてすらいない本もあると思います。

フォトリーディングなどの速読法を勉強すれば、短時間で読めるようになりますが、もっと簡単に効率よく本を読む方法があります。

その方法は、次のように**本を3つのグループに分ける**ことです。

バイブルグループ…バイブルのように何度も繰り返し味わって読む本
参考書グループ…参考書のように大事なところを必要なときに読む本
情報誌グループ…情報誌のようにさっと読んで捨てる本

どのグループの本も**最初は目次を読むところからはじめます**。なぜなら、目次にはその本の構成が書かれているからです。

つまり、その本の概要を知ることができるのです。**内容を「わかろう」とする前に、全体の構成を「知る」ことは勉強法の鉄則**です。

目次を読みながら、さらに2つのグループを作ります。

第1グループ…知らないこと

第2グループ…知っていること

そうすると、その本に書かれていることで、自分が知らないことがおよそどのくらいあるかがわかります。

本を「波パターン」で選ぶにしても「潮パターン」で選ぶにしても、投資をするわけですから、できるだけ効率を求めなくてはなりません。であれば、**知らないことが多く書かれている本を選ぶべき**です。

ただし、実際に読んでみないと2つのグループ分けが本当に正しいのかどうかはわかりません。

読む順番は、まず第1グループからはじめ、目次を読んだ段階では知っていると判断したけれども、知らないことかもしれないという気持ちで第2グループを読みます。

「マーキング」で情報を刷り込む

本を読むとき、必ずやってほしいことは「マーキング」です。

重要だと感じた箇所に赤線を引いたり、ポストイットを貼ったりしてマークをつけることです。

どうしてそんな一見面倒な作業をおすすめするのかと言えば、理由は2つあります。

1つは、色や形でマーキングすることによって憶えやすくすること。つまり記憶の補助をすることです。

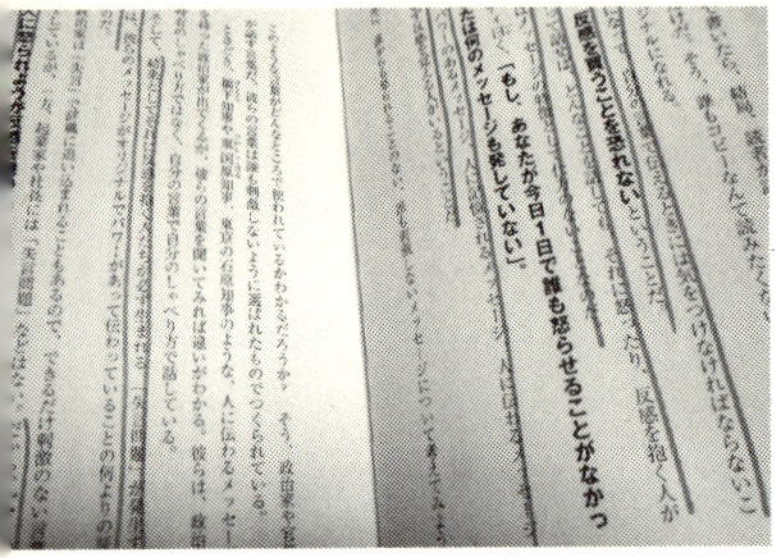

赤ペンでマーキングしながら読む

マーキングにはペンを持って書く、ポストイットを貼るといった手の動きがあります。目で字面を追うだけよりも、触覚的要素が増えるので、関連づけて記憶しやすくなります。

もう1つは、「本のグループ化」で紹介したように、バイブルグループの本を繰り返し読んだり、参考書グループの本の大事なところを素早く見つけ出して読んだりするときにも、マーキングが非常に便利なのです。

さらに、次に紹介する隙間時間での勉強でも効果を発揮します。

30分で1冊の本が読める裏ワザ

隙間の時間というのは、誰でもあると思います。

たとえば、30分くらいの時間なら、相当忙しいと思っている人でも簡単に作れるでしょう。この30分を有効に使えば、いろいろなことができます。

隙間時間の代表的なものに、通勤時間や移動時間があります。他にも、美容院や床屋に行く時間、病院で診察を待っている時間もある。大げさに言えばいくらでもあります。

ただ、ボーッとしていたり、他愛もない話に付き合ったりしていてはもったいない。それならば、本でも読んだほうがいい。**慣れてくれば、30分でかなりの文章量が読めます。**

私は髪を切ってもらっている間に、ビジネス書ならほぼ1冊読んでしまいます。私の本を読むスピードが特別速いわけではありません。同じ本を何回も読んでいるから速いのです。

大切なことを何度も何度も身体に浸み込ませるまで読むほうが、本に書かれている内容を自分のものにできます。それが、何も考えなくても行動できる習慣にするうえで、大切だと考えています。

習慣を作るのは、時間がかかります。人間はよく忘れる生き物ですから仕方ありません。憶えては忘れ、忘れるからまた憶える。それを繰り返して、少しずつ自分のものになっていきます。

だから、これは自分に合っていると納得できる本に出会えたら、一度だけでなく隙間時間を使って、何度も何度も読み返しているのです。

私が一番読んでいる本は、もう数百回は読んでいると思います。難しい本や厚い本でも10回も読んでいると、エッセンスがだんだんわかってきます。

何回も読むときに役立つのが、先ほど紹介したマーキングです。**重要なところをマーキングしておけば、短時間で何回も読むことができます。**

そのため、1回目は本に直接線を引きながら、じっくり読むようにしています。仮に手元に筆記具がなくても、ページを折り込んででも、その場で読んでしまうくらい勢いよく読みます。

蛍光ペンで線を引くのは、あまりおすすめしません。何回も読んで時間がたつと、色が褪《あ》せてきて、インパクトが薄くなってくるからです。

というのも、自分で線を引いた気になる部分、共感できるフレーズは、繰り返し読むことで身につきます。だから、色が消えてしまう蛍光ペンよりも、いつまでもハッキリと色が残る赤のボールペンが私の好みです。

線を引いた部分だけ集中的に繰り返し読んでいると、嫌でも頭に残ります。一字一句は覚えられなくても、何回も読めばエッセンスは残るのです。

私の場合、**本は読むのではなく、刷り込むという感覚**です。

これは誰でも真似できる方法ではないでしょうか。

1回読めばスラスラわかるとか、有名大学に合格した勉強法といったものとは違う、ごく普通の勉強法です。

隙間時間で情報をインプットする方法

隙間時間に勉強するツールとして、もう1つ有効なものがあります。

それは、**音声で学ぶ**こと。

隙間時間の代表格である移動時間には、**CD、オーディオブックといった音声の情報を活用**しています。

最近はアイフォンにどんどん音源を入れているので、イヤホンを耳に突っ込むだけで、勉強時間を作り出せます。これも簡単にできることですね。

少し話が脱線しますが、実を言うと、私は音声で落語を聴くことが好きです。

経済やマーケティングの情報ばかりだと、知識が偏りますし、正直つまらなく感じることもあります。そんなとき、音声では好きな落語が聴けると思えば、もうひと頑張りができますし、実際に気分転換にもなります。

おそらく、使っている脳の部位が違っているのではないかと思うのですが、非常にリラックスできます。脳がやわらかくなるイメージです。

リラックスして一度脳をやわらかくしてから、また勉強をすると、延々と知識を詰め込もうとしているときよりも、はるかに頭に入ってくる感じがします。

結果的に情報を知るだけでなく、**実践できるように習慣化することが勉強の目的なのですから、強弱、緩急をつけて勉強を進めていく**ことはいいと思います。私の場合は落語ですが、それが音楽でも同じことです。

ちなみに、私が落語を聞くのは、好きだからという以外にもう1つ理由があります。それは、講演やセミナーをするときの話し方のヒントを得ているのです。

これが、すごく勉強になります。落語から、しゃべり方や人物の描写、間の取り方を学ぶようにしています。

記憶の定着がよくなる「五感」勉強法

人間は、視覚・聴覚・嗅覚・味覚・触覚の5つの感覚を持っています。効率よく記憶したい場合はこれらの感覚を同時に使うとより記憶しやすくなります。

勉強する場合も、五感のうち1つを使うだけでなく、1つよりは2つ、2つよりは3つとなるべく数多く、しかも同時に使うほうがいいのです。

このことは、実際に経験された方も多いのではないでしょうか。

たとえば、本を読むとき、字面を目で追うだけでなく声に出して読むというのはどうでしょう。自分の口から発信された音声情報を最初にキャッチするのは自分の耳です。

小学生のときにやっていた「音読」には意味があったわけです。

多くの本で、専門家の人たちが、脳の仕組みとして複数の刺激を同時に与えると脳が活発化すると言っています。

五感ですから、アロマオイルで嗅覚を刺激する、何かを食べて味覚を刺激する、運動をして触覚を刺激するなどの工夫ができます。

こういった簡単ですぐに実行できることは、すぐに取り入れて勉強の効率アップに役立てたいものです。

勉強の理解度が深まる「先生役」勉強会

何かを学ぶためには、**自分が先生役になるのが一番の近道**です。

自分の中だけで完結しようとするよりも、誰かに教えようとしたほうが、その内容についての理解度がグンと深くなります。

なぜなら、誰かに教えるとなった途端、どんな質問にも答えられるくらいの知識を持ち、さらにしっかりと理解していなければ、相手の疑問を解決することができないからです。

そういうパフォーマンスが求められる立場に、自ら追い込むのが「先生役」なのです。

教える立場になると、誰もが質問されることを想定し、自分がテストをされるときよりも俄然《がぜん》集中力を発揮し、一生懸命に用意をするものです。質問に答えられなかったときの恥ずかしさと同時に役に立てる喜びがそこにあるからかもしれません。

この追い込まれると力を発揮するという人間の習性を利用すれば、知識と理解が今までよりも確実に定着します。さらに、教える機会に追い込まれる度に、知識と理解はもっと広く深くなっていくのは間違いありません。

つまり、知識をしっかり植えつけることに加えて、「人に話す」という1人では決して行わない作業に「先生役」の価値があるのです。

「話す」ということと、それによって発せられた自分の声を自分の耳で「聞く」という作業です。この2つの刺激によって、記憶が強化されます。

「話す」ことの正確性を向上させるために、資料や図表を作ることも、手を動かして「書く」という刺激も加わるので、五感をフル活用して記憶することになります。

もし、あなたが社会人であれば自分を「教える」立場に追い込むことは簡単でしょう。**社内勉強会などを自分で企画すればいい**からです。本気で効率的に知識を得たいなら、先生になれる機会を自主的に作っていくべきです。仕事やプライベートの仲間や家族など、身近な存在に生徒になってもらえるよう頼んでみるのもいいですね。

たとえば、同僚との休憩時間に、学んだ知識を話したり、簡単な図表を書いて話のネタにしたり、もっと砕《くだ》けた場面ならクイズにして話してみれば、抵抗感もなく、おもしろく聞いてもらえるかもしれません。

とにかく**学んだ知識をわかりやすく伝えるために「話す」、図表にして「書く」機会を作る**ことです。

相手さえいれば、工夫次第で先生役になれるのですから、後はやる気の問題だけ。「忙しい」なんて言わずに、貪欲に勉強する機会を作りましょう。

目標の人になりきる「モデリング」法

仕事ができる人は仕事のコツを、勉強ができる人は勉強のコツを知っています。人よりも効率よくできる何かの秘訣を持っているのです。

そういう人たちを目標にして、彼らと同じように効率よくできるようになるにはどうしたらいいのかと考えることはとてもすばらしいことです。

すでに**できている人から学ぶという素直な姿勢は、成長しようとする人のもっとも大切な要素であり、同時に成長する人に共通して見られる要素**でもあります。

目標にする人に近づきたければ、その人の話をよく聞くことです。目標にする人が身近な人であれば、直接会って話を聞かせてもらえばいいのです。

会社の上司や先輩に目標にする人がいれば、そんな幸せなことはありません。彼らのやり方やその背景にある考えを教えてほしいと頼んでみてください。

また、目標にする人が遠い存在の場合でも、その人の書いた本、セミナー、DVDなど接点があるのではないでしょうか。

このときこそ、勉強に対する投資を思い切って実行するときです。本を買うなら、その人が書いた本を全部買う。会場が遠くても、参加費が高くても、会社を休まなければならなくても、セミナーに出かけてみるのです。

目標にする人の考えに触れ、素直に自分に取り込むことができれば、こんな投資のチャンスはありません。時間もお金も思い切って投資することです。

そして何よりも大事なことは、投資をしたからにはしっかりと回収することです。繰り返しますが、それには**学んだことを素直に受け入れて、すぐに実行する**ことが、唯一の方法です。

彼らのやり方や考えを、彼らになりきってそのままやってみてください。それから、どうしてそのやり方になったのかを理解すればいいのです。そのうえで、自分にフィットする方法や考えを自分のものとして取り入れて実行することがモデリングです。

自分でやってみても、なかなかうまくいかないことを、すでにできている人から学び、自分もその人になりきって、その通り素直にやってみる。

たったこれだけのことですが、**モデリングを徹底的にやることが目標にする人に近づくもっとも効率のいい方法**です。

できている人から謙虚に学ぶ

「モデリング」と言うと、なんだか真似をするようで気が引けるという人がいます。

しかし、「学ぶ」の語源が「真似る」だと言われるように、実は「真似る」ことは「学ぶ」ことの基本なのです。

また、「社長の勉強法」と言うと、なんだか偉そうにも聞こえますが、実際はそうではなく**仕事も勉強も学べば学ぶほど「謙虚さ」の重要性が増してきます**。

なぜなら、年齢や仕事上のステージが上がるほど、周囲には苦言を呈してくれる人がいなくなり、もっと直接的に「勉強しろ」などと言ってくれる人もいなくなるからです。

社長ともなると、特にそれが顕著になる可能性が高く、いつしか「井の中の蛙《かわず》」になってしまうことが想像できます。

これは仕事や勉強で結果を出したい人にとっては大きな損失です。たとえば、ライバル会社の新商品情報や資格取得のコツ、同じ目標を持って学ぶ仲間からの励ましや講師からのちょっとしたヒントなど、「いくら払ってでも欲しい」情報が得られるかどうかは効率上、とても重要な問題だからです。

それでも「わからないことは、人に頼らなくてもネットで調べればいい」と言い、人の意見は必要ないと勘違いしている人もいるようです。

しかし、それは経営者目線での勉強と仕事ができていない証拠です。

その状況が、ＲＯＴ（時間対効果）やＲＯＩ（費用対効果）がとても低いということに気づいていないからです。それはとても危険な状態です。

ネットで調べてもわからないけれど、とても重要なことがあります。たとえば、現場のリアルな状況や顧客の不満など、報告されることもなく、気づいたときには状況が末期的状態になっていることが現実には多いのです。そうなってからでは遅いでしょう。

私は仕事上、たくさんの社長を見てきましたが、成長する企業の社長の共通点の1つはとにかく謙虚で素直な点です。その姿勢こそが時代のうねりを乗り越えて生き残れるかのポイントだと感じています。

「社長の勉強法」として是非学んでほしいこと――。

それは、**社長とはいつも情報が集まってくる存在なだけに、決して「謙虚さ」を忘れてはいけない**ということです。

人から学ぶために必要なコミュニケーション術

人から学ぶことが重要だとわかれば、次にどのように接すればいいかが問題になります。

そのためには、人間は1人ひとり違うということを理解しなければいけません。当然、自分とも違います。相手を正しく見極めるには、まず「自分と違う」という認識を持っておくことが大事です。

当たり前の話と思うかもしれませんが、自分との違いをきちんと尊重できている人は少ないものです。相手のタイプ、志向、価値観、強みや課題、あるいは周囲の人との距離の取り方、モノを考えるスピード、コミュニケーションの取り方……など。

無意識のうちに、自分のモノサシで相手を測っていませんか？

違うからこそ、1人ひとりと話すことからはじめます。黙って観察するだけではわかりません。

正しく見極めるには、相手から積極的に言葉や反応を引き出す「質問力」が必要です。営業の仕事でも、ビジネスパートナーを選ぶときでも、あるいは自分自身が転職する際の面接でも基本は同じです。

もちろん自分の話はするけれど、それ以上に相手の言葉をたくさん引き出して、その人の仕事に対する姿勢を知ることも大切だと思います。

コミュニケーション力とは、自分が思っていることを言語化し、相手に伝えて、自分が思っている通りに相手に行動してもらうことです。

①相手に聞いてもらう

②それを理解してもらう
③理解した通りに動いてもらう

この3つのステップをすべてクリアして、はじめてコミュニケーションができたことになります。

コミュニケーションは、相手の話を「聞く」と、自分の考えを「伝える」の大きく2つの要素で成り立っています。

「伝える」より「聞く」ほうが大事という人も多いようですが、私は逆だと思っています。つまり、**「伝える」が先だという考え**です。

なぜなら、誰かが何かを伝えようとしない限り、「聞く」という行為は生まれないからです。「聞く」ばかりで、「伝える」ことをしなければ、相手の行動を引き出すことはできないですよね。

もちろん、聞く力がないと、自分のメッセージがちゃんと伝わったかどうか、メッセージを相手がどう受け止めているかを確認できません。

しかし、「伝える」スキルを磨き、ちゃんと伝わったかどうかを逐一確認するうちに、聞く力は自然と育っていきます。

勉強を教わるためには、「どういうことを知りたいのか」「どういう点を教えてほしいのか」「何がわからなくて、何がわかっているのか」を相手に伝えることが重要です。

ただ相手の考えを聞くだけでなく、**具体的に教えてほしいことを伝える技術も磨く**ようにしましょう。

情報収集に役立つ「メルマガ」活用法

現代のような情報が溢れた時代、自分だけで有効な情報を集めるのには、かなりの時間がかかります。

そこで役立つのが、「メルマガ」です。

メルマガには情報系のものがあります。おいしいニュースをダイジェストで見られるので、時間の短縮になります。

さらに、私がおすすめするのは、発想がおもしろいメルマガです。新聞の情報、ネットニュースの情報ではなく、その人の着眼点が入っている情報には付加価値があるからです。

自分にはできない発想をするメルマガは、とても刺激になります。私は、共感した人の真似をよくするのですが、メルマガで紹介されていたことを実際に取り入れるようにしています。

たとえば、後で紹介する「おすすめのメルマガリスト」にも挙げている鮒谷周史《ふなたにしゅうじ》さんの「平成進化論」に、「くれくれ星人」という話が書かれていました。

「くれくれ星人」とは、ちょっと知り合っただけで「アポイントしてください。時間をください」という人のことです。そういう人は、実際に会ってみても、何の目的で会いたいのかわからない人ばかりだというのです。だから、「くれくれ星人」とは、会わないほうがいいと書かれていました。

私は、その話に共感しました。それからは、会いたいという人がいたら、必ず「目的は何ですか?」と聞くようになりました。「ただ、ご挨拶をしたいだけです」という人には、「この電話で十分挨拶できましたので、お会いしなくても大丈夫です」と断るようにしています。

このように、自分に取り入れたほうがいい情報を得るために、**自分の感性と近い人、自分に刺激を与えてくれる人のメルマガは取ったほうがいい**と思います。

実際にその人に会わなくても、その人から盗めることはいっぱいあるのですから、それを活用しない手はないと思います。

◎おすすめの「メルマガ」リスト

・小川忠洋氏の「ザ・レスポンス」http://www.theresponse.jp/
・濱田昇氏の「独占市場構築マーケティング」
http://www.right-way.org/magazine.html
・金森重樹氏の「回天の力学」http://www.kanamori-shigeki.com/modules/mailmag/
・和田裕美氏の「身体にしみこむ陽転思考」http://www.perie-net.co.jp/6000/
・鮒谷周史氏の「平成進化論」http://www.2nd-stage.jp/
・土井英司氏の「ビジネスブックマラソン」http://eliesbook.co.jp/
・藤井孝一氏の「ビジネス選書&サマリー」http://www.bbook.jp/

・Ｔｕｌｉｐａ氏の「後悔しないための読書」http://www.breview.jp/
・石田淳氏の「行動科学マネジメント」http://www.will-pm.jp/maga_resist/
・吉田雅紀氏の「ＧＥＮＫＩな３６５日語録」
http://www.akinaisouken.jp/yoshida/yoshida_365_01.html
・本田健氏の「幸せな小金持ち的生き方」http://www.aiueoffice.com/
・武沢信行氏の「がんばれ社長！」http://www.e-comon.co.jp/

社長になるための「おすすめの本」リスト

プロローグで述べた通り、成功するビジネスマンになるためには、①広報・メディアリレーション、②マーケティング、③セールス、④財務、⑤人事の順番で勉強するほうが効率的だと私は思っています。

本章の最後に、各分野における「おすすめの本」を挙げておきたいと思います。あくまでも私がいいと思った本です。もし自分には合わないと思ったら、他の本を探していただければと思います。

①広報・メディアリレーション

『広報・PR実務ハンドブック』（日本能率協会マネジメントセンター）山見博康・著

『儲かる会社はNewsづくりが上手い』（実務教育出版）竹村徹也・著

②マーケティング

『トム・ピーターズの経営破壊』（阪急コミュニケーションズ）トム・ピーターズ・著

『ハイパワー・マーケティング』（インデックス・コミュニケーションズ）ジェイ・エイブラハム・著

③セールス

『ずっと、あなたのお客様でいたい！』（大和出版）佐藤芳直・著

『史上最強の商人』（日本経営合理化協会出版局）オグ・マンディーノ・著

④財務

『グレートゲーム・オブ・ビジネス』（徳間書店）ジャック・スタック・著
『会社のお金はどこへ消えた？』（ダイヤモンド社）児玉尚彦・著

⑤人事
『最強組織の法則』（徳間書店）ピーター・M・センゲ・著
『エンパワーメントの鍵』（実務教育出版）クリスト・ノーデン・パワーズ・著

⑥その他、社長になるための本
『ビジョナリー・カンパニー 時代を超える生存の原則』（日経BP社）ジェームズ・C・コリンズ、ジェリー・I・ポラス・著
『7つの習慣 成功には原則があった！』（キングベアー出版）スティーブン・R・コヴィー、ジェームス・スキナー・著
『サーバントリーダーシップ』（英治出版）ロバート・K・グリーンリーフ・著
『仕事ができる人できない人』（三笠書房）堀場雅夫・著
『「100億円企業」を創る。』（ダイヤモンド社）大野和徳・著

第2章

24時間を無理なくフル活用する

時間管理術

時間をお金で買う「自己投資」術

あなたはお金と時間のどちらが大切だと思っていますか？

お金を失うことと時間を失うことの痛みを比べると、わかってはいてもお金を大切に扱ってしまうものです。

お金をなくして「しまった！」と思うことはあっても、時間をなくして「しまった！」とは思いません。

それどころか、なくしていることすら気づかないのです。時間のロスは、気づきにくいものではないでしょうか。

しかし、本書で参考にしているような**仕事のできる社長や勉強のできる人は、お金よりも時間を大切にしています**。ハッキリ言えば、彼らに共通するのは、**お金で時間を買っているのです**。

つまり、成長した人たちの経験という時間を買って、自分の成長につなげているのです。

勉強をするにはお金がかかります。それは本を買ったり、セミナーに参加すれば参加費がかかるのは当然です。おそらく何百万円、何千万円というお金を投資している人もいるでしょう。

さらに本を読むには時間がかかり、セミナーに参加するにも時間がかかります。それらの時間を積み上げると、何年分もの時間が投資されています。

教材であれば、お金を払えば手に入れることができますが、先に成長した人から学ぶということは、お金では買えない彼らが経験した時間を手に入れることに他なりません。

経験を学ぶということは、時間を買うということなのです。

先駆者の経験は、彼らの投資した時間を何倍、何十倍にも圧縮したものなので、ROT（時間対効果）を考えると、とても効果の高い投資方法です。

なんでも自分で経験することができれば、それ以上の勉強はないのですが、世の中のあらゆることを経験するには、人生は短すぎます。

それならば、やはり本やセミナーに投資をして勉強する以外に、道はないのではないでしょうか。

勉強でも仕事でも大切な「スピードアップ」術

もう少し別な視点で、お金と時間の関係を考えてみましょう。

もし、仮に長期間、たとえば30年間、人一倍の勉強を続けることができれば、誰でもどんなことでもかなりの確率で成功できます。

しかし、実際はそんなに長い間、努力を続けることは、人間にとってとても難しいことでしょう。しかも、目に見える効果がなければ、いつしかあきらめてしまうのも人間というものです。

長続きしないのなら、できるだけ早く成功の秘訣を手に入れるしかありません。

そこで、**経験をお金で買って、時間をかけずに勉強することが「スピードアップ」の大切な部分**です。

この考え方は、仕事でも使えます。

先ほど述べた通り、仕事ができる人の時間をお金で買うことができます。仕事が遅いのに、仕事ができると評価される人はほとんどいないでしょう。

つまり、仕事ができる人は、総じて仕事が早いのです。こうした仕事が早い人は、不得意な仕事を他の人に任せて、自分はもっともパフォーマンスが発揮できる分野の仕事に取り組みます。

もちろん、自分の仕事もスピードアップをしてバリバリと処理していかなくては、任された人が社内なら不満が、社外なら無駄な費用が発生してしまいます。できる仕事はドンドン終わらせて、いつまでも先延ばしにしないのです。

そうすることで、時間をかけて決めるべき仕事に時間を投資できるようになります。望ましい結果が出やすくなります。

スピードアップを心がけることがきっかけで、仕事にも好循環が生まれてくるのです。

仕事や勉強の効率は**「時間×能力」**で表せると言われています。

なるほどその通りだと思いますが、それが頭でわかっていてもなかなかできないものです。どんなにお金をかけた名馬でも、いつまでも走り出そうとしなければ、それはパドックをうろついているだけの駄馬と同じになってしまいます。

なんとROT（時間対効果）の低いことでしょうか。
そのような場合、社長の視点でこれをどう解決するのがいいのでしょうか？
私は馬を走らせるためには、以下の2つの要素が不可欠だと思っています。

1．期限の設定
2．第三者とのゴールの共有

リミットがあることで爆発力が発揮されるのは当然ですが、社長の視点を持った勉強法として重要なのは、**他人を巻き込んでゴールまでよそ見をしない仕組みを用意すること**です。

たとえば、あるクライアントは各自の目標（ゴール）を決めた後、それを達成するための予定に日付を入れてスケジュールに落とし込みます。そして、社員全員が閲覧できるウェブ上のカレンダー（サイボウズやアウトルックなど）に各自の予定を入力します。

さらに、その予定を毎朝の朝礼で「今日は○○さんが□□をします」というように、司会者がその日の行動を読み上げ、本人も「私が□□をします」と宣言します。

よく目標の達成のために「目標に日付を入れる」と言われていますが、この例ではそれを**「目標に日付を入れてシェアする」**に進化させて、他人をうまく巻き込んでいます。

シンプルですが、**最小のレバレッジで個人のモチベーションが落ちても物事が運び続けるように**仕組み化したパワフルな取り組みです。

競走馬でたとえるなら、「ブリンカー」がそれに当てはまります。ブリンカーとは、馬がよそ見をせずにゴールを目指すために、馬の両目の外側に付ける板状のもの。これが、視野をさえぎる役目をします。

つまり、この「ブリンカー」の役割を第三者にやってもらうのです。よそ見や寄り道をしてしまいそうなときに、叱咤《しった》激励《げきれい》してもらえるだけでも違います。目標を同じくする仲間と合格の予定日をお互いのスケジュール帳で共有するのもいいですね。

手軽なところでは、ブログなどでゴールを宣言するというのも、その1つかもしれません。

ここでポイントになるのは「馬にはニンジン」という安易な考え方をしてはいけないと

いうことです。

金銭や昇給などの報酬は一度与えるとそれに慣れてしまい、次回からそれがあることが普通、ないことが不満、という図式を作ってしまうことになってしまいます。

それではＲＯＩ（費用対効果）が割に合わなくなるときが必ずやってきます。しかも、「ニンジン目当て」で動いた場合、本来の勉強の目的からずれて「ニンジンさえもらえればいい」ということになってしまうこともあるでしょう。

合格すればいいだけの試験などの場合はそれでもかまいませんが、スキルを身につけるためならば、そんな付け焼き刃では役に立ちません。

報酬はあったほうがいいのですが、あくまでプラスαの力を引き出すカンフル剤と認識して使うことをおすすめします。

勉強のスピードが上がる「デッドライン」活用術

目標を設定するうえで一番大切なことは、その目標をいつまでに達成するのかという期限を明確にすることです。

仕事で活用するなら、まず自分が関わるすべての仕事に期限を決め、それを徹底的に守ることからはじめます。

誰かに仕事を依頼する場合でも、いわゆる「なる早」ではダメ。仕事を依頼するときは、明確な期限付きで依頼するクセをつけ、依頼するほうもされるほうもお互いにそれをコミットするようにします。

どうしてもその期限が守れそうでなければ、期限の延長を交渉するしかありません。延長した期限がお互いにコミットできるかがポイントです。コミットするために、会議を利用する方法もあります。会議で期限を発表してしまえば、上司や同僚など、実際にその仕事をやる自分、もしくは自分とその当事者以外にも複数の証人がいるわけですから、守らざるを得ない状況に追い込まれるのです。

そうすることで、自然とどうすれば期限を守れるか、効率を上げるにはどうしたらいいか、仕事のスピードアップには何が必要かを考えはじめます。**追い込まれたときの人間の潜在パワーにスイッチが入る**可能性が非常に高いはずです。

今までの仕事の進め方の何倍ものスピードで仕事ができるようになれば、自分の能力が向上したことを実感できますし、当然評価も格段に上がります。評価が上がれば、もちろん報酬や昇進にも好影響があるはずです。

これまでの仕事を振り返って「手が空いたときでいいからやっといて」と頼まれた仕事をすぐにはじめる気になったことがあるでしょうか？

よほど暇ならまだしも、「手が空いたとき」などありません。忙しいはずですから、その仕事の重要度はかなり低いと瞬時に判断するはずです。

その結果どうなったでしょうか。おそらく「後でやろう」とか「何かのついでに片付けよう」といった意識が働き、結局先延ばしにしてしまったのではないでしょうか。

「手が空いたときでいい」と言ったはずの上司から催促されて、やっと重い腰を上げて取り組みはじめたところ、アッという間に終わってしまい、ほったらかしにしていた長い時間は何だったのだろうと疑問を持つ。そんな結果だったのではないでしょうか。

これでは、仕事の能力もつきませんし、評価をされるはずもありません。仕事でも勉強でも、期限を曖昧にした途端、先延ばしにしてしまう習性があるのが、人間という生き物なのです。

そうならば、それを認めてしまい、そうならないようにしようというのが私の考えです。

何もいつもピリピリとして、期限ばかりを気にして自分にストレスをかけようと言うのではありません。**仕事の効率を意識して、仕事のスピードを上げることは、自分の能力を上げること**になると言いたいのです。

長時間働くことが、評価される時代はもう終わったのですから、スピードは仕事をするうえで必須のスキルです。それを積極的に、しかも仕事は必ず期限付きという簡単なルールを自分ではじめればいいいだけのことです。

そして、このスキルにはおいしい副作用があります。仕事のスピードに慣れ、仕事がどんどん処理できるようになると、自分の時間ができるのです。

今までなかった時間を自分の能力で作り出し、新たな時間の投資先として、それを勉強時間にあてることができるのです。

そして、勉強をする場合にも期限を付けることで、スピードを上げてバリバリ進めていけば、欲しかった資格や能力が手に入る時間軸が、グッと手前に引き寄せられるわけです。

しかも、仕事でスピードを上げる効果が実感できているので、それを勉強に応用することは、とても簡単になっているはずです。

どうですか、おいしいでしょ？

1日の時間を4つに分ける時間管理術

ここまで時間をいかに有効に活用するかを説明してきましたが、「時間」とひと言で言っても、時間によって脳の働きや体調などが異なります。

時間ごとのパフォーマンスをよく考慮したうえで、適した時間を有効的に活用しなくてはもったいない。

たとえば私の場合、早朝はランニングをしていますが、走りながら今日一日のことや取り組むべきこと、課題への解決策、さらに新しい発想などが生まれる時間と考えています。

つまり「脳フル活用の時間」です。

走り終えて自宅でシャワーを浴びると、さらに頭がスッキリと整理されるので、午前中はメールの返信、セミナーやコンサルティング用の資料作成を短時間でこなす「集中の時間」として使います。

午後は精力的に人と会う「コミュニケーションの時間」としています。

夜は基本的にはあまり予定を詰め込まないようにしています。相手の都合によって、スケジュールが日々異なるので、あえて「自由な時間」と決めています。

私のおすすめする時間管理術をまとめると、次のようになります。

①早朝「脳フル活用の時間」
もっとも脳が効率よく働く時間。物事を考えたり、新しい発想や思わぬ解決策を見つけたりできる。問題集を解く、暗記するなど、勉強にも向いている。

②午前「集中の時間」
メールの返信、お礼状の作成、資料作成、リサーチなど、1人で完結できる事務的な作業を短時間にこなせる。

③午後「コミュニケーションの時間」

電話をする、打合せをするなど、営業や外回りに使う。

④夜「自由な時間」

クライアントや仲間との食事、消化しきれなかった仕事を完了させる。読書や趣味の時間にあてる。

職種や業務によってまったく同じにはならないと思います。しかし、身体の構造上、身体の上から順番に活性化した後、また上から順番に疲れていくことがわかっています。

つまり、**早朝は脳を使った時間、午前中は頭と目を使った仕事、午後は体を使った仕事、夜はフリーな時間とするのがもっとも自然だ**と言えます。

「朝は苦手だから夜に勉強する」という人も多いですが、脳の効率を考えると、朝のほうが知識をインプットできる量と早さが格段にいいのですから、とても効率が悪いことになります。

また、夜に勉強する時間を確保することになると、どうしても残業しなくてはならなかったり、仕事やプライベートな仲間との付き合いがあったりと、コントロールが効かないことが起こります。

そうなると、勉強を習慣化することが難しくなり、勉強自体がストレスになりかねません。ストレスなく続けること、実はこれがとても大事なのです。

社会人が何かを継続的に学ぼうとした際、この**「早朝時間」として毎朝1〜2時間を早起きして確保することが、無理なく続けられる秘訣**だと言えそうです。

勉強時間を有効に使う「大時間」「中時間」「小時間」理論

前項では1日の時間を4つに分割し、時間ごとの脳や体調による効率について把握し、その時間帯ごとに勉強すべきことを決めました。

次は、勉強や仕事を軸にした観点から、時間の使い方を考えてみたいと思います。

以下は、高島徹治《たかしまてつじ》さんの書籍『すごい「勉強法」』（三笠書房・知的生きかた文庫）から引用させていただいたものです。

高島さんは、以下のように「大時間」「中時間」「小時間」と時間を3つに分類したうえで、適した勉強の種類を述べられています。

実は、私もこの時間の管理方法を日々活用させていただいています。

①大時間…土曜日、日曜日、祝祭日のように1日をフルに使える時間。
特徴…継続して利用できる。自由な使い方ができる。場所が制限されない。ツールを自由に使うことができる。集中して勉強に取り組める。

勉強内容…計画を作る。カードを作る。音声テキストを作る。計画の遅れを取り戻す。じっくり本を読む。

②中時間…早起きして作り出す出勤前の数時間。仕事が終わって帰宅してからの数時間。
特徴…ある程度の固まりになっている時間。目安としては、1〜2時間程度。机が使える。ツールを自由に使うことができる。集中して勉強に取り組める。ただし、ウィークデーなので、付き合いやイベントで潰れる場合がある。

勉強内容…計算問題を解く。模擬試験をする。

③小時間…15分単位。何かのついでに生まれるような、短い細切れの時間。代表的なも

のとして、通勤時間や移動時間、何かの待ち時間など。

特徴…実は勉強にとってもっとも大切な時間。忙しいのに勉強ができる人は、例外なくこの小時間の使い方が上手な人。「ながら勉強」や単語帳、アイポットなどの携帯ツールを使うことができる。

勉強内容…単語を覚える。繰り返し暗記する。

こうして眺めただけでも、どの時間をどのように使うと効率がいいのかという具体的なシミュレーションができます。まるでゲームのテトリスのように、その時間のブロックを、その形によって収める場所を瞬時に判断しなくてはなりません。

この感覚が研ぎすまされてくると、15分単位の小時間を使うテクニックが上達してきます。**小時間の使い方によって、たとえば1年後にはライバルと大きな差がつく**ことでしょう。

忙しい中で、「小時間」を見つける方法

「忙しい」と主張する人には何種類かの人がいます。

まず、時間管理能力と抱えている仕事量のバランスが適合していない人。この場合は、たいがい時間配分が不得意というだけなので、時間管理の勉強をしたり、管理ツールの活用をすることで改善できます。

ただし、中には実質的に時間がない人もいます。

出張が多い人がその例ですが、これは勉強するには恵まれた環境だととらえることはできないでしょうか。

往復の移動時間はもちろん、出張先のホテルで1人になれる時間など、会社にいるときに比べると誰にも邪魔されず、しかも電車が目的地に到着するまでといったようにタイムリミットが自動的に設定されるので、ダラダラと時間を浪費できない状況に追い込まれるからです。

「黄金の勉強時間」という見方もできるのではないでしょうか。

私はよく、クライアントの方から「池本さんはセミナーやコンサルティングをしながら、マラソンやNPOの活動もして、そんな中でよく本を書いたりできますね。寝ていないんですか?」と言われます。

私は、健康のために睡眠はきちんと取っていますし、決して時間が有り余っているわけではありません。

なんとかして**隙間の時間を活用しているだけ**なのです。実はこの本も、そうした移動中の時間をひねり出し、つなぎ合わせた作品の1つです。まさに隙間時間のパッチワークです。

そう考えると、この**「黄金の勉強時間」は、もったいなくて仮眠などには使っていられなくなります**。

また、忙しい人のもう1つの例は、将来への用意が足りていない人です。

先ほどの移動時間の活用を例にあげると、あらかじめスケジュール帳にどこからどこまでの移動時間がどのくらいで、その時間に何をする、ということまで記入するようにします。

また事前に、仕事や勉強を移動中にするにはどうすれば効率よくできるかという質問を自分にしてみるのはどうでしょう。

出てきた答えに従って、仕事や勉強が完了するイメージを持ちます。すると、モチベーションを高めたり、具体的なツールの用意ができます。

さらに、移動中やホテルでの作業効率が上がるように、段取りまで整えられればベスト。つまり、**環境の整備=予習もしておく**、というわけです。

たとえば、私なら「往復で本を3冊読破!」などと、目標を決めて新幹線に乗り込みます。しかも、自分に火をつけるために「今日は3冊読破するぞ!」とブログで宣言することがあります。

実は、この事前の環境整備=予習こそが何よりも大切なのです。これをバッチリやっておくことで、これまで追われていた仕事や勉強が、まるでゲームのような感覚でこなせるようになります。

逆に予習をしていなければ、こんなことを言っている私も、ついついダラダラと時間を浪費してしまいます。そうすると、そこをターニングポイントにして時間に追われ、仕事に追われるマイナスのスパイラルに入り込んでしまいます。

ゲームのように仕事や勉強を楽しむのか――。

それとも仕事や勉強に追われっぱなしの人生を送るのか――。

それをコントロールするのはあなた次第です。

特に経営者は、社員のために常に仕組みを作り出すのが重要な役割です。この**仕組みをゲーム感覚にしてチームの中に取り込んでしまうことが、作業効率を最大にあげるポイント**にもなります。

また、仕事や勉強は関わっている人が増えることによって、クオリティよりデットラインが重要になることが多くなります。そう考えると、学校の先生によく言われた「授業を理解するには予習が大事」という意味がそのままあてはまります。

これを「社長の勉強法」として考えても、予習をしておけば、仕事も勉強も効率が何倍にもなります。同じ仕事や勉強をするのであれば、楽しまなくては損です。

効率がよいほうが楽しみやすいのですから、ROT（時間対効果）を意識した社長の勉強法として、「予習の習慣」は自信を持っておすすめします。

過去問を使って、効率的に勉強する方法

ここでもう少し具体的な勉強方法をご紹介しましょう。

勉強をすると言っても、そのアウトプットの測り方には大きく2種類あります。

1つは本を読む、セミナーに出席するといったアウトプットがすぐには見えにくいもの。

もちろん、学んだからには売上げや利益といった数値化できるもの、あるいは人間力といった数値化できないものまで何らかのアウトプットはあるはずです。

しかし、営業に関する本を読んだからといって、翌日の売上げが10パーセント増えたという例はあまりありません。成果が表れるまで時間がかかるものです。

もう1つは、成果がすぐにわかるものです。これは、資格試験の結果が代表的な例です。勉強した結果が試験の合否という明確な結果ですぐにアウトプットされます。

これは、プレッシャーのかかるリアルな問題です。そこで、第1章でご紹介した**3ステップ・アプローチの応用として過去問を使った勉強方法**を探ってみましょう。

3ステップ・アプローチのおさらいです。

ステップ1…まず、対象情報の仕組みや全体像を知る
ステップ2…次に、なぜそうなのかを分析して理解する
ステップ3…最後に、理解したことを何度も復習して何度でも実行できるようにする

これに沿って勉強の方法を考えてみると、まず全体像を知らなくてはいけません。それには、テキストなどを使った情報のインプットをせずに、いきなり問題を解いてみることです。

そうすることで、今の自分にとって、どれほどの難易度か、どんな問題が出題されるのか、そしてどの程度の勉強時間を投資する必要があるかがわかってきます。

ステップ1では、点数や合否を気にせず、スピードを優先します。わからない問題は考えても答えは出ませんから、それも全体像の1つと考えて、本番の試験時間の3分の1から4分の1を目安に一気に回答します。

次に、ステップ2の「分析して理解する」です。

効率を追求する「社長の勉強法」では、テキストを使った勉強をはじめる前に、ステップ1とは別の年度の問題を使って、もう一度問題を解いてみます。今度はじっくりと「分析する」つもりで問題をよく読んでください。

そして、**問題の難易度を3つに分類**します。

難易度A…まったくわからない問題
難易度B…少し勉強すれば理解できそうな問題
難易度C…すでに知っている問題

3つに分類しておいてから、テキストの勉強に取りかかれば、どこを重点的に勉強すればいいかハッキリしますよね。

もちろん、試験日というデッドラインがありますから、テキストの1ページ目から読むなどという余裕はありません。

まずは、**難易度Aから勉強をはじめ、理解できたら難易度Bの勉強に移り、難易度Cは簡単におさえる程度か、もしくは期限が迫っていればすでに知っていることなので思い切って勉強をしなくてもいい**ものです。

こうすれば、格段に勉強の効率が上がります。

最後に、問題集を何度も解き、正解率の低い問題を集中的に勉強して、ステップ3の「何度も復習して何度でも実行できる」ようにします。

問題集はすべてコピーを取っておくか、それが面倒ならば2冊以上買っておいて、正解率の低い問題だけを集めたオリジナルの問題集を作っておくと、試験直前の最終確認にも活用できて便利です。

第3章

勉強力を強化する目標設定法

あなたの価値を高める「ロードマップ」

私は、よく「将来どうしたい？」と若い人に聞きます。

すると、「今年の目標は……」「来年までに実現したいことは……」など、多くの人が短期的な将来について話をします。

もう少し具体的な例だと、「今年はとにかく全力で仕事をして、誰からも信頼されるようになりたい」「頑張って仕事を覚えて、3年以内にプロジェクトリーダーになりたい」といったところです。

もちろん、キャリアアップのマイルストーンとして1年間の目標や短期間でのチェックポイントを設定しておくことは重要です。

しかし、私が期待しているのは、**もっと長期的なビジョンを持つこと**です。5年後、10年後、あるいは20年後を見据えて、きちんと計画する。そして、そこに向かって動いている。こういった状態であってほしいと願っています。

普段から将来について、真剣に考えていないと、「将来どうしたい？」と聞かれてもなかなか答えられるものではありません。その場の思いつきで、もっともらしいことを答えることはできても、もっと具体的な話をしてみると、言葉につまってしまったり、話のつじつまが合わなくなってしまいます。普段から考えているのか、思いつきなのかはすぐにわかるのです。

早いうちに一度、ずっと先の将来に自分がどうしていたいのかをじっくりと考えてみることです。

これは、目的地があって旅に出るのか、行くあてもなくフラッと出かけるかの違いです。目的地までの行き方をしっかり決めて旅に出るかどうかで、目的地に到着するまでの時間はおろか、目的地に到達できるかどうかまで違ってきます。

勉強についても同じこと。持たなければいけないのは、ロードマップなのです。それも、1キロ、2キロ先までのロードマップではなく、はるかに遠い目的地までのロードマップです。

大切なことは、**今立っているスタート地点から、将来達成したい目的地までのロードマップがあるかどうか**——。そのロードマップの上を歩いているかどうかです。

将来設計が明確であれば、必ず成長できる

将来のことを考えることが、なぜそんなに大事なのでしょうか。

その理由は、**普段の勉強のパフォーマンスに大きく影響する**からです。

本気度の高い人は、将来、自分はこうありたいという明確な目標を持ち、それを達成するためには自然と将来の目標から逆算して、今何をするかを考えています。

もし仮に、「10年後に起業する」ことが目標であれば、そのためにはどんな勉強が必要か、自分でわかっているはず。そこで、より具体的に「そのためには、まず仕事の基本、そして、経営のノウハウを学びたい」というところまで考えて、勉強や仕事に取り組むことになります。

たとえば、週末には起業セミナーに参加していたり、やりたい事業に必要な資格取得を目指して勉強したりと、仕事以外の時間の使い方も本気度が高くなります。

ロードマップができている、つまり将来設計が明確になっている人は、勉強する、働く、そして成長するという意識が高い人です。

こういう人は自分で考えて仕事をするので、会社にとっては貴重な戦力であると同時に、雇う側の目線に立てば、チャンスの与えがいがある人材と判断されます。

上司にやれと言われたからやるのではなく、自分自身の目標達成のために仕事をする意識があるので、知識やスキルの吸収もとても早い。今やっている仕事が、将来どんな形で活かせるかをイメージできるので、楽しんで仕事ができるはずです。

そうすると、それを見ている上司は、ますます仕事を教えて、重要な任務を任せるようになります。自分にも会社にもよい循環のスパイラルができあがるのです。

目標達成のためにもっとも効率がいいのは、当たり前のことですが、普段の仕事を必死でやることです。

日々の仕事を通じて、いろいろなことを学び、体験し、刺激を受けたり発見したりする中で目標が変わることもあると思います。

しかし、明確な目的を持って、自らの意思で体得したことは何一つ無駄にはなりません。目標が変わったら逆算し直せばいいだけです。たとえ目標が変わったとしても、逆算の思考があれば何度でも将来の目標と今の自分を測って、最適なロードマップを描けるからです。

また、毎日を本気で取り組んでいれば、結果は必ずついてきます。だから、自分でその気になって、目標に向かってチャレンジしていくことです。

そして、**チャレンジするなら、そこそこ、ほどほどの本気度ではなく、全力で徹底的にやる**ことです。

どの程度の力を出してチャレンジするか、その程度で目標達成のレベルも、達成したときの充実感も変わってしまいます。

ゴールだけでなく、スタート地点も知る

将来へのロードマップを描くために、まずしなければならないことがあります。

それは、今の自分がどこにいるのかを知ることです。目標がどこにあって、それに対して自分はどこにいるのか。目標に対して、足りない自分を認めることができなければ、ロードマップを描くことはできません。

そのためには、**現実を受け止める「素直さ」が必要**です。

本当はできないのに、できると強がっていても、誰も評価してくれません。それどころか、将来の目標と今の自分との距離感を間違ってとらえてしまうと、正確なロードマップが描けなくなってしまいます。間違った地図を片手に旅に出ても、出だしから道に迷ってしまいます。

結局、もとの地点に戻って、正確な地図に持ち替えて再出発することになってしまっては、大きなロスになってしまいます。

できないことを認めるのは、ちょっと恥ずかしかったり、ムクムクと抵抗心が現れたりするでしょう。

しかし、今の自分を成長させて、目標を達成し、大きなリターンを得ることを想像すれば、それくらいの心理的な抵抗は突破できるはず。

だからと言って、肩肘を張らなくてもいい。誰だって最初はできないことだらけなのです。安心してください。今の自分をそのまま見つめればいいだけのことです。

素直に認めることができれば、これから起こる成長を楽しむことができます。今までとは違う行動パターンで、今までとは違う考え方で勉強に取り組めるのです。

やると決めたからには、新しい習慣を楽しんでしまったほうが、むしろ成長が加速します。その中でベストを尽くし、成長を実感できるのはかけがえのない経験だと思います。

目標を設定する力「逆算力」

今の自分を大事にして勉強する。それができたら、次に考えるのは将来のことです。自分が今からどこへ向かうのかがわからなければ、歩みを進めることはできません。何度も言っている通り、目標の設定をどうするかということが大事なのです。

自分が将来ありたい姿を明確にすること、こうありたいという明確な目標を持つことで、普段の勉強や仕事のパフォーマンスにも影響を与えてしまうということでしたね。

私は、早く明確な目標を持つことの大切さを伝えるために、次のようなたとえ話をよくしています。

成田発のロンドン行きの旅客機があります。この旅客機はまっすぐ飛ぶと仮定します。飛ぶ角度が1度違うと、この旅客機はパリに着いてしまいます。その1度の違いに早く気づかないと、ロンドンに行きたいにもかかわらず、パリに着いてしまう。

つまり、**早く目的地を決めないと、自分が行きたいところとは違うところに行ってしまう**ということ。

ひょっとしたら、間違った角度は1度ではないかもしれない。それでは、モスクワに行ったり、インドに行ったり、フラフラしながらロンドンを目指すことになってしまいます。そうすると、途中で燃料が尽きてしまい、目的地であるロンドンに到着できないかもしれません。

だから、30年先、50年先に自分がどうありたいかという目標を持つことが大切だと常に言っています。

途中で迷うことなく、最短で目的地に到着するためには、**逆算して目標を設定する**ことがおすすめです。ここでは、その具体的なノウハウをご紹介したいと思います。

「どういう死に方をしたいか」から逆算する

まず、将来のことを考えたとき、もっとも遠い将来はいつでしょうか？

人によってさまざまな発想があると思いますが、突き詰めると自分が死ぬときが人生においてもっとも遠い将来です。

ただし、そのときはいつやってくるか誰にもわかりません。いつやってくるかわからないということは、今日かもしれないし、明日かもしれないのです。

私は外資系の保険会社で営業の仕事をしていたことがあります。そのため、突然の死が訪れる万が一の備えについて、かなり目の当たりにしました。

大変貴重な経験をしたわけですが、だからこそ思うのは、どういう生き方が自分にとって幸せかを考えることです。

思い切って別な言い方をすれば、**死ぬときにどう死にたいかということから逆算をはじめる**のです。なぜそんなことをすすめるかというと、人間誰しも、やったことよりもやらなかったことを後悔するからです。

やりたいのにやらないまま、そのときを迎えてしまったとしたら、想像をはるかに超えるほど、とてつもない悔いが残るのではないでしょうか。

死ぬ間際に「あのとき、もっとチャレンジしておけばよかった!」と思っても、もう遅いのです。そうならないためには、やりたいことはすぐにやることです。先延ばしにしないで、今すぐに取りかかることです。

全力でやったけれども、時間切れになってしまい、目標は達成できなかったとしても、まったく手をつけなかったよりは、いくらか後悔の気持ちも収まりやすいように私は思います。

徐々に逆算を具体的にしていきます。**30年先、50年先に自分が存命するのであれば、どうありたいのかを考えてみる**。

孫やひ孫に何が伝えられるのかを考えると、わかりやすいかもしれません。そんな先のことはわからないという場合は、ゆっくりと時間をかけて、将来の理想的な人生設計をイメージしてみてください。

何を勉強して、何を実現するのか。得るものは何があるのか。達成したときの気分はどうなのか。そこには誰がいて、どんな言葉をかけてくれるのか——。

ゆっくりと想像を膨らませてみるといいでしょう。そして、100年先に何を残せているかという観点で考えてみると、視点が大きくなり、先のことはわからないと言っていた状態とはかなり違ってくるはずです。

できたら、どんなことを想像したかを大きな紙に書きとめて、そのキーワードから目標を絞り込んでいくと、設定すべき将来の目標が見えてくるでしょう。

具体的な目標を細かく落とし込み、課題を浮き彫りにする

次にその大きな将来の目標を達成するためには、どのような課題があるか、時間を遡《さかのぼ》りながら書き出していきます。

ここで大きな紙に書き出すことが意味を持ってきます。

ところで、課題を持つということは、勉強において非常に大事なことです。ただ漠然とした知識の収集のために本を読んでも、ほとんど活きた情報として機能することはありません。

具体的な課題があり、それを解決するために勉強すれば、その成果に大きな違いが生ま

れます。それは、誰もが経験的に知っていることだと思います。

勉強をするときにどんな課題を持っているかは、勉強の質を決める要因になるということです。課題を持って勉強することで、真剣さが増し、集中力が維持でき、理解度が深まります。

その結果、ＲＯＩ（費用対効果）やＲＯＴ（時間対効果）で表せる勉強の成果が向上するのです。

将来から現在に向かって、課題を書き出す方法を考えていきましょう。

その方法は、**徐々に細かく具体的に何をするかを、年単位、月単位、週単位、そして最後は日単位に落とし込んでいく**ことです。

ただし、あまり細かくなり過ぎても意味がありません。実際に勉強を進めていくうちに、目標は変わっていくものだからです。現実には、遠い将来のことを具体的にはできません。重要なことは将来を見越したうえで、今現在から見て近い日付の課題が具体的になっていればいいでしょう。

つまり、具体的にするのは1年以内にし、3年後までは年単位、3年以上先は5年単位で課題を書き出していきます。

つまり、ロードマップの上に乗った状態の課題を理解しておくこと。そのことによって、いつどんな課題に取り組まなければならないかが明確になり、自然と目標達成に近づいていけるようになります。

かつて目標管理の面談を部下と行っていました。設定した目標の結果や次の目標はどうするのかという話ばかりでなく、部下が長期スパンで自分の将来を考えられるようにすると、大抵はいい結果につながりました。

本人が2～3年後の自分の姿をイメージできるような会話をして、そこから今に向かって時間を遡り、足りないところを確認して、課題の設定を一緒に考える。

このプロセスがもっとも成果につながった思いがあります。みなさんも是非**「逆算力」を活かした目標設定**を試してもらいたいと思います。

日常から「逆算力」を鍛えるトレーニングをする

「逆算力」の重要さはおわかりいただいたかと思いますが、何事も難しいのはそれを習慣にすることです。

そこでおすすめしたいのが、**仕事や勉強以外の達成したい日常のことで「逆算力」を活用**してみることです。

禁煙やダイエットをはじめ、旅行のための貯金やゴルフのベストスコア更新など、自分が絶対に達成したいことを1つ選び、そこから目標達成する日付を具体的に決めます。

禁煙なら、最終的にタバコを吸わなくなる日をハッキリと打ち出し、スケジュール帳に入れていきます。

ここでもっとも重要なのが、目標を達成した瞬間をハッキリとした「達成イメージ」に落としこみ、それをいつでも思い出せるようにしておくこと。自分のセリフはもちろん、周囲の声や、その時の場所、季節、具体的なら具体的なほど効果的です。

それができたら、**目標達成日までに必要な数値を出してみます**。このとき、同時に目標達成について、最終的な数値はもちろんのこと、中だるみをしないように、経過の評価基準をしっかりと決めなくてはいけません。

どんなことでも常に「1日あたりはどのくらいか？」「今日は半年後のために何をするのか？」という具体的な目標になればなるほど、それらの目標を達成するために必要な本やテレビ番組、または周囲のアドバイスなど、情報が不思議とどんどん集まりはじめます。それを取捨選択するのも「逆算力」のトレーニングになります。

たとえば、半年かけて禁煙を目指すなら、今「1日1箱」、つまり1日20本吸っていたものを、最初の1カ月目で「3日に1箱」に、4カ月目には「1週間に1箱」にするというマイルストーンを置きます。そして、1日何本まで吸っていいのかをさらに逆算して具体的な本数を決めていきます。

このペース配分を頭の中だけではなく、自分のスケジュール帳を使って行うと効果的です。ダイエットや貯金でも同じことが言えます。

もっと具体的な例として引越を挙げます。「最寄りの駅から5分圏内で家賃10万円以内のところ」への引越を達成目標としたならば、「いつまでにお金を用意しなくてはならないのか」「物件が見つかるのにどのくらいの時間がかかるのか」「引越から荷物を片付けるまでに最低3日は休みが欲しい」と、まるで実体験しているかのように具体的に考えてみます。

最初に日付を入れたスケジュール帳と照らし合わせて、その日付までに段取りが終わっていれば、スケジュール的な目標は順調に達成。自分のニーズがどうしても合わなくて家賃が11万円になってしまえば、それは金額面では未達成になります。

ただし、そこで敷金礼金や管理費を計算して、年間で出す金額は想定より安く収まるなら合格……など、**常に自分の決めた評価軸を置いていきます**。

つまり、**ビジネスで言うPDCAのサイクルを日常の逆算にも活用し、大きく逆算がずれたときには改善してくのがコツ**です。

自分の感情をうまく利用する方法

勉強を邪魔するものがあります。

せっかく勉強のスイッチが入って目標達成に向けて動き出しても、そうはさせまいと妨害するものがあるのです。

邪魔するものとは「自分の感情」です。

まず、勉強ができる人の心の中を覗いてみましょう。

勉強ができる人は、その時々の感情に影響されることがありません。たとえ勉強の成果がすぐに出なくても、慌てず、騒がず、じっとやり過ごせる人です。

なぜなら、何のために勉強をするのかという根本的な考えにブレがないからです。最後までやりきることの大切さを理解すると同時に、自分自身の感情をどう扱うかについても理解しているのです。

これは是非真似したいポイントです。

失敗してもいいからやりきる。それは、大して勉強もしていないのに、たまたま成功した場合よりもずっといいことです。

そして、失敗したので悔しい。悔しいのでまた頑張れる。コツコツと努力して成功すれば、とても嬉しい。偶然成功したときに比べて、何倍も嬉しいはずです。嬉しいので設定した次の目標を目指してまた頑張れる。

できる人は、この**「悔しい」と「嬉しい」といった感情を大切に扱っているのです。自分の感情をうまく使って、モチベーションを上げているのです。**

自分の感情をコントロールする「達成体験」利用法

世の中で唯一、自分でコントロールできるものは、自分の感情しかないと私は思っています。

感情の動きに影響を及ぼす要因はさまざまです。他人の言動や会社のルール、自分が置かれている環境、その日の天気など、数え出したら切りがありません。

でも、こうした要因は、どれも自分ではコントロールできないものです。

「妻または夫にひどいこと言われた」「上司が希望した仕事をさせてくれない」「今日は寒いから、または暑いから」という理由で、できないと言う人がみなさんのまわりにもいるはずです。私のまわりにもたくさんいました。

こういった人は、自分でコントロールできないことに、コントロールされてしまっています。つまりとらわれているのです。

自分の感情をコントロールするためには、「達成体験」が重要です。「成功体験」ではなく「達成体験」です。

「達成体験」がある人は、簡単にあきらめたりしません。追い込まれた状況で、信じられないパワフルな行動をした経験があるからです。

学校の勉強、スポーツ、趣味、どんなことでもかまいません。試験勉強を頑張って、いつもよりいい点数が取れたという体験でもいい。部活で頑張って、レギュラーになれたというのでもいい。小さなことでもいいのです。

誰でも、寝食を忘れて何かに打ち込んだ経験があるはずです。それによって、得られた「達成体験」があると思います。

そういった**「達成体験」を利用して、「あきらめない力」に変えます**。追い込まれても、「きっと今度も何とかなるから、とりあえずやってみよう」と考えられるのです。

そう考えられるのは、「達成体験」以外に根拠を見つけることが私にはできません。きっとできるはずという根拠のない自信が瞬時に湧いてくるのです。

だからすぐに動きはじめることができます。そのうえ、あの達成感がまた味わえることに喜びを見つけ出し、追い込まれている状況を楽しんでいるかのように見えます。

これは、なかなか勉強の成果が出ないときの感情のコントロールにも役立ちます。「達成経験」がある人は、目標に対して自分が今どこにいるかを測ることができるからです。

たとえば、「目標達成はずっと先のことだけど、まだはじめたばかりだから焦らず続けよう」「経験したことのないことばかりだけど、全部勉強になっているからこれから先が楽しみだ」「やっとゴールが見えるところまで来たけれど、最後まで気を抜かずにやり抜こう」といったことです。

目標に対する自分の位置を確かめながら、自分の感情をコントロールできる。これは、勉強をする強力な武器になります。

自分の能力を引き上げる「追い込み」勉強法

人は追い込まれると、信じられない能力を発揮することがあります。

学生であれば試験前の猛勉強であり、社会人であれば大事な会議前に膨大な量の下調べをするようなときです。

そのような状況に追い込まれると、人は何らかの行動を起こします。だいたいは「徹夜でも頑張る」か「投げ出して逃げてしまう」のどちらかでしょう。

どちらも、普段ならしない行動です。普段、何でもないときに徹夜はしませんし、逃げてしまうこともしません。追い込まれた状況の場合だからこそ、してしまうのです。

勉強ができる人は、この追い込まれた状況を自分で作り出しています。**つまり、普段では発揮できないパワフルな行動を利用して、目標達成に近づこうとしている**のです。

要は、どうしてもやらなくてはならない理由を目標の中に設定してしまうこと。そうすると、自動的にモチベーションが上がり、目標達成に向けて動き出します。

とても忙しい中で、どうにか時間をやりくりし、見えないところで静かに努力を重ねて成功した人を、私は何人も知っています。

彼らは**自ら追い込まれた状況を作り出して、自分の能力を引き上げる術に長けている**のです。

反対に勉強がうまくできない人の多くは、自分でモチベーションをコントロールできずにいる人です。そして、大抵は自分以外の他人や環境、世の中のせいにしてしまいます。

「妻または夫がやめろと言うから」「会社が資格取得の支援をしてくれないから」「今は不

景気だから」といった具合です。

確かに、他人のせいにすればラクですが、それでは、親鳥が取ってくる餌を待っている小鳥のようなもの。そんなことでは、いつまでも成長できません。

やはり、自分で餌が取れるようにならなければ、巣立つことはできないのです。

目標を達成する「数字」と「行動」の目標設定能力

私が営業をしていたころ、**数字面と行動面、2軸の目標を自分で設定**していました。

たとえば、数字面では「半年で1億円売り上げる」という目標を立てる。半年は約25週。半年で1億円売り上げるためには、週400万円は稼ぐ必要があります。

ゴールデンウィークや夏休み、冬休みなどを差し引くと実質20週ですから、週500万円、1日100万円が目標になります。

そのためには1日に何人と会って、そのうち何人と成約できないと目標を達成できない——と、目標をブレイクダウンしていきます。さらに「人の紹介に頼っていては、出会える数に限りがあるから、電話帳から自分でリストを作ってアポイントを取ろう」と、具体的な方策を考えます。

次に、行動面の決めごとも作っておきます。

半年で1億の目標は必ず達成するけれど、「土日は絶対に働かない」「夜7時以降は絶対に残業しない」などの行動を決めるのです。

その代わり、「朝は8時前に出社して、午前中に徹底してアポ取りをする」。あるいは、1億の目標を達成するには、さまざまな業界の企業にアポを取らないといけないので、「業界紙は必ず隅から隅まで読もう」などです。

この行動面での〝決め〟が弱いと、数字面の目標を立てても達成できません。

勉強は、行動面の決めごとです。何をどう決めるかは自由です。

極端なことを言えば、「今期は数字のことは考えない」でもOK。その代わり、「会計の勉強をする」「営業に役立つ人脈作りや話題作りを学ぶ」という選択肢もあると思います。

ただし、この場合は長期的な目標と達成計画が必要です。たとえば「3年で社内ナンバーワンセールスになる」ために、最初の半年は寝る間を惜しんで勉強する。その代わり、数字面の目標はノルマの7割にする。

しかし、次の半年は100パーセント、その次の半年は150パーセントを達成することで、最初の未達成を挽回する――と。

こうしたロードマップがないまま、「今は勉強中です」と主張しても、それはただの怠慢です。会社での自分の存在価値がなくなってしまいます。

私たち社会人にとって、仕事と勉強は、別々に考えることはできません。あくまでも**仕事での成果を見据えて、勉強する必要がある**のです。

自己イメージを高める「ポジティブな言葉」活用術

さて、ここで質問です。

あなたの会社の社長はツイている人ですか？　ツイていない人ですか？

たとえば、「どうせ不景気だし……」「なんでうちだけが……」というセリフが多い社長はどちらだと思いますか？

そう、ツイていない社長です。後ろ向きな言葉をたくさん吐いてしまうほとんどの経営者は、エゴイストのようで、実は自分自身が好きになれない「裏返し」な人。つまり自分で自分を認めてあげられない可哀想な人です。

言葉は行動にも影響して、ますます後ろ向きな方向に導いてしまいます。これは経営だけではなく、勉強でも同じことが言えます。

仕事や勉強で成果を出して、しかも楽しんで取り組むには、まず自分を好きになり、自分を認め、いつも自分が自分の味方でいることが大事なのです。自分を好きになれないと、せっかくの成長を押さえつけてしまうのと同じです。

ただ、それをわかっていても自分を好きになれない人も多いでしょう。

実は私も、そういうときがあります。そんなときは、**自分自身に超ポジティブな言葉をかけるクセをつけています**。

私の趣味はマラソンですが、大会に参加していても、調子が悪い日はライバルたちにどんどん追い越されます。悔しさのあまり、つい「もう年だから」と年齢のせいにしたり、練習量が足りないことを「仕事のスケジュールがハードだった」せいにしてしまいそうになります。「だって」ではじまるネガティブワードを言ってしまいそうになることもあります。

そんなときは、自分を恨むことはできても、認めてあげることなんてとてもできません。自分が嫌いになる瞬間です。

このような場合、これまでたくさんの困難を乗り越え、成し遂げて来た自分を思い出し、そんな自分を100パーセント認め、褒め、愛し、今できることを全力でやることに集中することで自信を取り戻します。

さらに、自分を支えてくれる人たちがゴールを笑顔で迎えてくれることを思い浮かべ、頭の中をポジティブな色に塗り替えてしまいます。

すると、不思議と重かった足が上がって、呼吸がラクになってきます。敵にしか見えなかったライバルたちが、自分と一緒にゴールを目指す仲間に見えてきます。

あまりにも楽天的だととらえる方もいらっしゃるかもしれませんが、私の実感として心身両面でこれが本当に効果的です。

コツは、とにかく繰り返し言い聞かすこと——。

人間は繰り返しに弱い単純な生き物です。苦しいときほど、ネガティブなことを一切考えずに、とにかく**恥ずかしくなるほど自分に惚れ込むこと**なのです。

遠回りなようで、実はもっともインパクトのある「ツイてる」を引き寄せるために大切なトレーニングだと思います。

勉強の能率がアップする「レミニセンス」効果

長時間仕事や勉強を続けていると、まったく頭が働かなくなるときがありませんか？

ビジネスでも勉強でも「根《こん》を詰める」ことこそが美学だととらえている人もいますが、これはまったくの勘違いです。

脳が働かないのは、たくさんの情報が一気に入ってきたことで、脳が飽和状態になってしまっているからです。情報を整理したり、記憶をしっかり定着させるためにも、脳を一度クールダウンさせることが必要です。

実際、脳科学の世界では、「脳のメンテナンスには6時間の睡眠時間が必要だ」ということが証明されています。

ただ、睡眠とまではいかなくても少し休憩を取るだけでも、休憩する前よりもさらに能率が上がるという「レミニセンス（休憩後回復）」現象が起こるそうです。

これは、ただリラックスするからではなくて、脳の中でメンタルリハーサルをしているからのようです。これによって、休んでいる間に知識が熟成されると言われています。

本当に記憶を定着させて、結果を出したいと思うのであれば、**集中力と休憩の関係**を見逃してはいけません。人間の集中力は45分で切れてしまうとも言われています。その**45分という区切りで休憩を入れたスケジュールを組む**ことも、ROT（時間対効果）の観点で考えると、賢い選択だと言えるでしょう。

モチベーションを上げる「ご褒美」利用法

「人間はご褒美で動く」――。

これは、行動心理学の世界で定説的な法則の1つとされています。

自分のモチベーションを高めて持続したいなら、自分自身のためにご褒美を用意する。すると、自然と楽しくなり、効率が上がります。**仕事や勉強は楽しくやってこそ効率がよくなる**ことを忘れてはいけません。

ただし、ご褒美を最大限に活かすには、4つの注意点があります。

まず1つ目は、ご褒美はやり終えた直後に与えること。絶対に先に渡してはいけません。

2つ目は、メリットが大き過ぎるご褒美はやめること。これは、報酬の魅力が徐々に薄れてしまうからです。

そして、3つ目は自分自身でご褒美を決めること。

最後の4つ目は、少しずつご褒美を減らしていくこと。なぜなら、最初のモチベーションはご褒美目当てでもかまわないのですが、やがて目的がご褒美ではなく、**勉強や仕事などがきちんと完了していく楽しさ自体が一番の喜びとなるようにしていくことが重要**だからです。

つまり、いつまでもご褒美に頼らないことが重要であって、目的をご褒美から楽しさにどうやって変えていくかがモチベーションをセルフコントロールするテクニックなのです。

もし、ご褒美のテクニックでまったくモチベーションが上がらないのなら、自分にとってそのご褒美の魅力が薄れている可能性があります。その場合は、より魅力的なご褒美を新しく探せばいいのです。

勉強が苦に思わなくなる「習慣化」のススメ

あなたは今、目標達成のために習慣にしていることはありますか？

特に勉強の場合、たとえ5分でも10分でもいいから毎日続けることが大切です。

資格を取ることができる、テストに必ず合格するという話とは別に、日々のモチベーションを保つために、**たとえ格好だけでもいいので机やパソコンに向かうことが大事**なのです。


1日でも手をつけない日があると、サボってしまったという罪悪感が生まれてしまいます。前日はきちんと勉強した場合と、その翌日に勉強をスタートした場合を比べると、倍くらいは精神的な負担がかかってしまいます。

これが、2日空いて、3日空いて……ということになると、さらに罪悪感は強くなり、勉強に追われているような気持ちになってしまいます。そのうち勉強が嫌いになり、最後は「勉強してもしょうがない」という言い訳モードに頭が切り替わってしまいます。

とは言え、勉強だけでなく、なんでも習慣化することは難しいものです。そこで**身近なツールを習慣化のための管理ツールに利用する**ことをおすすめします。

たとえば、私も健康のために夜8時以降は食事をしないということを習慣にしていますが、それを確実に実行するため、その時間になると**携帯のアラート**が鳴るように設定しています。常に意識していなくても、携帯が警告してくれるわけです。

またダイエットの例として、美容研究家の佐伯《さえき》チズさんは、太らないように常に60センチのひもをウエストに巻いていらっしゃるそうです。これがきつくなったら危険信号だとか……。とてもシンプルですが、まるでトレーナーが近くにいるかのような、すばらしいアイデアだと思います。

このような工夫も含めて、**「習慣化」のテクニックが身につけば、あらゆる場面で自分を高めていける**はず。

そして、それを学ぶことこそがもっとも価値のある勉強なのです。勉強はもちろん、どんな小さなことでもかまいません。

今日から「習慣化すること」を意識してみませんか？

趣味のランニングも最初はきつかったのですが、**習慣にすると、ランニングをしないと逆に落ち着かない**ようになりました。

そして、ランニングをすると、意外な効果がありました。

それは、頭がスッキリするという効果です。

そのため、ランニング中は何も聴かないようにしています。オーディオブックも音楽も落語も聴きません。健康のために走っているのですが、走りはじめて10分くらいたつと、呼吸が安定してきて身体が慣れてきます。そうすると、何もすることがなくなります。

考えることしかすることがなくなるので、その間に発想が湧いてくるのです。オーディオブックや音楽の情報が入ってくるよりも、五感を素のままにしているほうが、私には心地いい刺激に感じます。

だから、いろいろなことを思いつくのは、走っている最中がもっとも多い。おそらく血の巡りがよくなって、脳に酸素がたっぷり届くので、身体中が活性化されるのだと思います。

そのため、ランニングから帰って来て最初にすることは、思いついた発想をメモに取ることです。

読書と同じようにランニングも習慣にしていますが、**健康にもいいし、1人アイデア会議にもなる**のでやめられません。

また、体もほどよく疲れるので、深い睡眠が取れます。ランニングは一石三鳥ですね。

自分と競い合うライバルを作る「高額セミナー」活用術

勉強でも仕事でも、仲間がいると頑張ることができます。

私たちのような普通の人間は、1人で走り続けることは、よほどの精神力がなければ無理かもしれません。しかし、仲間がいれば、走り続けられます。

マラソンでも、1人で走るより誰かと追走するほうが、走るモチベーションが持続するのと同じです。

ここで言う仲間とは、ライバルのことです。**馴れ合いの仲間ではなく、お互いに競い合うライバル**のことです。

そのようなライバルが身近にいるに越したことはありませんが、それだとどうしても馴れ合いになってしまいます。まわりの状況に流されてしまうので、「別に無理して勉強する必要がないんじゃない」という雰囲気になってしまうのです。

では、どうやってライバルを見つければいいのでしょうか。

それためには、セミナーを有効に利用します。

しかも、**なるべく高額なセミナーに参加する**のです。

たとえば、5000円のセミナーと50万円のセミナーがあったとします。セミナーの内容は同じだったとしても、そこに参加する人に大きな違いがあります。

高額なセミナーに参加している人は、学ぶために高額なお金を投資している人。つまり、モチベーションの高い人です。逆に安いセミナーに参加している人は、「あわよくばいい話が聞けるかもしれない」という動機の人がほとんどです。

どちらの人とライバルとして付き合ったほうが自分のためか、一目瞭然《いちもくりょうぜん》だと思います。

より意識の高い人とライバルとして付き合ったほうが、自分を高みに連れていってくれます。**成功するためには、すでに成功している人や「成功したい！」という強いモチベーションを持っている人と付き合う**のが大切です。

また、高額なセミナーのほうが、自分の頭に内容が入りやすいという効果もあります。

人は誰でも高額であればあるほど、元を取ろうと真面目に聞くからです。

1人で勉強して、1人で頑張って、1人で成功したとしても、それを喜んでくれる仲間がいないのは、とても寂しいと思いませんか？

成功したときに一緒に喜んでくれる仲間、苦しんでいるときに励ましてくれる仲間がいないと、一生学び続けることはできないと思います。

そういう意味では、ライバルとはお互いを引きずり落とそうという関係ではなく、お互いに高め合う関係のことを言います。

つまり、前向きでポジティブな人ということです。そういう人たちとだけ付き合っていると、自分も前向きになります。成功したいと思ったら、**一緒に過ごす仲間を意識的に選ぶことも大切**です。

これは、社内の人事でも同じことが言えます。

自分にないものを持っている人、自分を脅かすような存在の人を遠ざけるのではなく、〝喜んで〟仲間に加えるのです。この〝喜んで〟というところが、とても重要です。

私たち普通の人は、知らず知らずのうちに、自分の習慣や経験にとらわれてしまいます。そんな思い込みをガラガラと崩してくれる異分子を、どんどん仲間に入れていくべきです。新入社員、他業界からの転職者、外部のボードメンバーなど、受け入れるだけでなく、こちらから積極的に探しにいくくらいがちょうどいいと私は思っています。

違う意見、違う考え方をする人がいるというのは、すごくラッキーなこと。そう思って**異論・反論を歓迎できる人は成長力も高い**でしょう。

たとえノウハウを盗まれたとしても、それをピンチと考える必要はありません。ライバルが出現したということは、むしろ自分たちが成長するチャンスが到来したということだからです。

ライバルという壁を越えることで、さらに強くなれる。ライバルの出現は、大いに感謝すべきことなのです。

たとえば、コミッションセールス（完全歩合制）の営業部隊――。部員同士で優れたノウハウを教え合って共有したほうが、チームとしての売上げが伸びます。ライバルが増えれば増えるほど、より高いレベルの競争ができるからです。

自分が教えたノウハウをライバルが素直に実践して、その人の成績が上がったとしたら、それは自分のやり方が正しかったという証明にもなります。ライバルにも感謝されるし、たとえライバルに追い抜かれたとしても、追い抜き返すために新たなチャレンジができます。

自分が常にトップならば、新しいチャレンジをしないと思います。それは、結果を出している自分に、いつの間にか甘えが生じているからかもしれません。

自分を脅かすライバルの登場は、自分をさらに成長させる引き金になるのです。

自分の目標がグッと近づく「目標宣言」術

自分の目標をライバルに宣言することも大切です。人に宣言することで、「絶対に達成するぞ！」というプレッシャーを自分に与えるからです。

よく、自分の目標を公言するのは恥ずかしいと言う人がいます。それは、その通りでしょう。だからこそ、恥かしいと思うからこそ、あえて人に話すのです。

なぜ恥ずかしいかと言うと、それは失敗したとき「大きなことを言ってしまった！」と思うから。この恥ずかしさは、成功するためのモチベーションになります。

つまり、「何がなんでも自分の力で成功をつかみ取りたい！」という状況に、自ら追い込んでいけば、必ず成功できるのです。

自分の目標を自分の胸の内に留めている人は、少し無理そうになれば、そのときの自分に似合った目標に格下げしてしまいます。

それは、仕事でも同じこと。

たとえば、仕事の締め切りを上司に言った場合、その締め切りを必ず守ろうと努力します。しかし、「自分で今週までに終わらせればいいや」と思っている人は、もしできなさそうな状況になれば、「来週でもいいかな」と思うものです。

人に宣言するのは、自分で自分に妥協しないための抑止力と言い換えることもできます。

宣言する相手がお互いに高め合うライバルであれば、それだけモチベーションが高くなります。ライバルも頑張っているので、自分は絶対に手を抜けないと思うからです。

自分が頑張れば、ライバルも頑張る。ライバルが頑張れば、自分も頑張る。このような好循環が生まれ、競い合うのが楽しくて仕方なくなってくるのです。

勉強のストレスがなくなる「仕組み」の作り方

体には「体幹《たいかん》」と呼ばれる軸があります。体の幹をしっかり鍛えておかないと、全体のバランスが崩れてしまいます。

同様に、心にも「心幹《しんかん》」があります。明確な目標を持ち、心の幹をしっかり鍛えておけば、どんな状況でも判断がブレることはありません。他人の言動や環境の変化でモチベーションが下がることもなく、自分に自信を持って前進できます。

筋トレも、心の鍛錬も、継続することが大切です。小さなことでもコツコツ積み重ねていくと、そのうちグッと伸びるポイントがきます。

最初は本を読むことからはじめるといいと思います。

最低でも週に1冊。ビジネス書、あるいは仕事に関連する専門書を読むようにしましょう。歴史書や小説でも、そこに仕事に活かせる発見があったり、仕事につながるインスピレーションを探すことを意識して読めばＯＫ。

まさしく「継続は力なり」――ですね。

しかし、わかっていても継続はなかなかできないもの。

継続のコツは、準備がキーワードです。

たとえば、毎朝ジョギングをはじめようと決めた場合、計画作りや目標設定も大事ですが、もっと簡単なのは寝る前に朝起きたら着替えるジョギングウエアを枕元に置いておくことです。何も考えなくても、着替えるように準備しておくだけ。着替えたら、後はエイヤっと外に飛び出すだけです。

勉強する仕組みも、自分なりの準備を仕掛けておくと、勉強のストレスは激減し、勉強すること自体が楽しくなります。

夢はケータイで管理しよう

現在はモバイルツールが発達しているので、自分のスケジュールをケータイで管理したり、外出先からでもメールを確認したりしている人も多いと思います。

私もスケジュールをケータイで管理していますが、ただケータイでスケジュールを管理するだけではなく、**夢やＴｏＤｏリスト**も書き込んでいます。

ケータイとは、常に肌身離さず持っているものです。すぐに手に取ることができるものです。だから、自分の夢をいつでも確認するのにもってこいのツールです。

自分の夢をノートや手帳に書いたことがある人もいると思います。そういう人は、その後何回見返しましたか?

手帳は一年たてば新しいものに買い換えます。ノートもケータイほど常に携帯していないので、よくて1週間に一回見る程度でしょう。

夢は、何度も確認することが大切です。何度も何度も自分の脳に夢を染み込ませることが、夢をかなえる近道だと、多くの成功者が言っています。

たとえば、電車に乗っている隙間時間。何もすることなくボーッとしていたら、非常にもったいない。一駅だけの乗り換えというとき、わざわざ本を読んだりする人も珍しいと思います。そういうちょっとした**2、3分の隙間時間に、ケータイで自分の夢を確認するようにすれば**、無駄な時間がいきなり濃密な時間に変わります。

これは、ToDoリストでも同じです。今日するべきこと、現在の懸念事項などをケータイでリストにしておくと、たとえ歩いているときであっても確認することができます。

たとえば、満員電車の中で、かばんを開けて手帳を開く行為は、とても面倒ですし、まわりの人にも迷惑がかかります。しかし、ケータイは片手ですぐに開くことができます。今日するべきこと、スケジュールをサッと確認できるのです。

ケータイに電話がかかってきたとき、スケジュールを確認するのに少々手間取りますが、それよりもケータイですぐに確認できるほうが、より効果的だと日々実感しています。

「自分は普通ではない」からこそ、成功できる

さて、ここで注意点があります。

みなさんは自分以外の人から見ると、普通ではない人に見えていることをわかっておいてください。

なぜなら、多くの人は「今のままでいい」と思っている人だからです。そんな人からすれば、今のままではなく成長しようとしている、そのために勉強しようとする人は明らかに常識では考えられない人です。

この常識というのが曲者《くせもの》です。

ちょっと考えてみてください。「今のままでいい」と考えている人が、本を読むでしょうか？　週末に学校に行くでしょうか？

おそらく本は読まないし、学校にも行かないと思います。そんな投資をする考えは持っていないでしょう。彼らの常識からすると、それは無駄なお金と時間の使い方なのです。そして、こう言うでしょう。「騙されてるんじゃないの？」「おかしいんじゃないの？」「そんなことをして何になるの？」……。

気をつけてほしいことは、彼らは自分の考えにみなさんを引き込もうとすることです。たとえば、「会社を作りたい」という人に対して、誰もが「そんなの無理だ」と言います。そして、そんな人に限って会社を作ったことのない会社員だったりします。

その人の言うことを信じて、言われる通りにしていたら、どうなるかと言えば、その人と同じような「なんでも無理」な人になってしまいます。

勉強は、誰かに理解してもらうためにするのではありません。**今はできなくても、チャンスが来たときに確実にできるように備えておくのが勉強**です。チャンスは誰かにもらうわけではありません。

世間のくだらない常識に惑わされずに、勉強するようにしましょう。

第4章

実戦で仕事頭を強化する
知的生産法

勉強の成果を確認する「自己価値」算出術

「あなたの勉強の目的は？」と質問すれば、人それぞれの答えが返ってきます。

しかし、大きな意味では「自分の価値を高める」、セルフバリューアップにまとめられると思います。

その価値の評価をどうとらえるかも人それぞれでしょう。ただでさえやることが多いのが現代人共通の悩みですから、**何かを学ぶ際にはしっかりとした基準を把握しておく**ことが必要です。

そこで、以下の自己価値を算出するシミュレーションをしたうえで、自分の価値を算出してからアクションを起こすと、無駄な時間とエネルギーの投資がないでしょう。

自己価値を算出する３つのポイント

1. 成果実績…自他ともに把握できる成果。スキルアップや、資格取得など
2. 利益貢献度…１によって他者や帰属するチームにもたらした具体的な利益

3．成長率…スキルアップや資格取得をする前後の収入の比較

＜自己価値 ＝ 成果実績 × 利益貢献度 × 成長率＞

この自己価値＝成果実績×利益貢献度×成長率が、大きくなればなるほど、自他ともにバリューアップと認めざるを得ないでしょう。

最近は「資格マニア」と呼ばれる人が多いようですが、それは他者に対して利益貢献をしていなかったり、収入増につながっていなければ、バリューアップにはなりません。

それは「内面の成長」として成立しますが、あくまで自己満足であることをあらかじめわかったうえで、それにかける時間やエネルギーを投資することが大切です。

そうでなければ、本当の優先順位を間違ってしまいます。「今、自分は何のために勉強するのか？」「それは必要なのか？」……など、迷ったときは、この自己価値算出の公式（成果実績×利益貢献度×成長率＝自己価値）を用いて検証してみてください。

常に投資に対して得られるパフォーマンスを考えることが、社長目線の勉強だからです。

情報を発信するための情報整理術

必要な情報とは必要なときに取り出せてこそ価値があります。ここでは私が活用している、その仕組み化の技術を紹介します。

ここで質問です。

あなたは書類やメールをどのように整理しているでしょうか？　そしてやるべきことを日々どのように管理しているでしょうか？

いろいろな本を読めば読むほど増え続ける情報量に対して、自分に最適な情報整理の方法を見つけられず、いつしか情報ツールが増えるばかり。そんなことはありませんか？

せっかく手に入れたツールなのに使いこなせないことが多いのではないのでしょうか？

実は私も同じでした。そこで、「社長の視点で情報整理の方法を考えるとどうなるだろうか？」と想像してみたのです。

とにかく効率化を目指すのであれば、1つのツールですべてを一元管理する。または、できるだけラクで無理のない方法にこだわってみる。

「これだけでOK！」という自分流の方法を発見できれば、仕事も勉強も格段にスピードアップするはずです。まさにROT（時間対効果）の高い情報管理方法です。

私も以前は複数のツールを使っていましたが、今はすべてアイフォンを使って、メールはもちろんのこと、「アウトルック」や「さいすけ」を利用して、スケジュールも一元管理しています。

こうすることで、ビジネスパートナーと情報を共有することも可能ですし、どんなに出張が多くてもクライアントからのアポイントのリクエストに困ることがなくなりました。

また、あるクライアントで経理資料に使うような、分厚くて大きなファイルにすべての紙の資料をただ時間軸で閉じている社長がいました。彼女は、分厚いファイルにインデックス代わりのポストイットを貼って、大事なときだけポストイットに資料のタイトルを走り書きしていました。確かに、デジタルツールに頼らなくても、こうしておけば後で紙やファイルを探す手間はなさそうです。

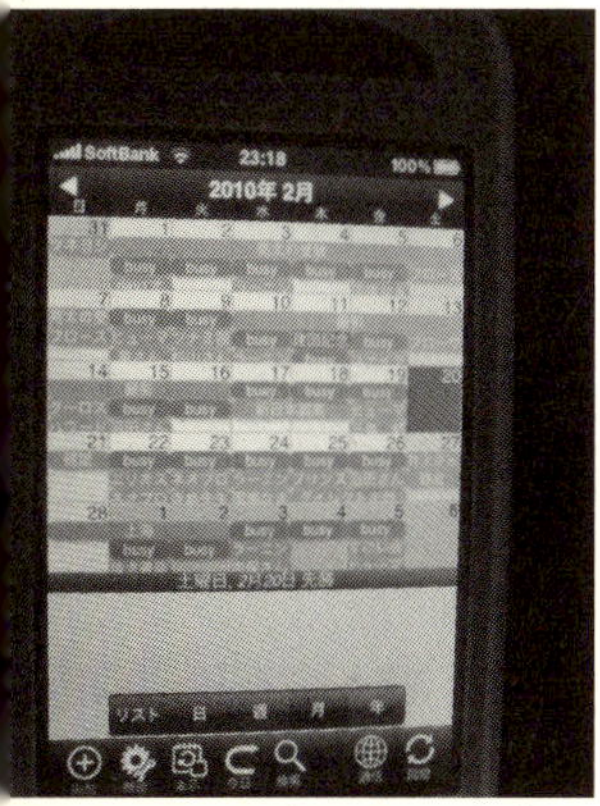

アイフォンでスケジュールを管理

先ほどもお伝えした通り、管理ツールは極力一元管理がよいのですが、デジタルにはデジタルの、紙には紙のメリットとデメリットがあります。使いやすさ、読みやすさを考えると、**紙とデジタルを機動的に組み合わせるのが一番いい方法**です。

私もアイフォン1つですべてを手軽に管理している反面、A4のノート、そして赤と黒の2色のサインペンを持ち歩いています。

また、大きめのスケッチブックや大きい付箋《ふせん》などをセミナーやクライアントとの打合せで使います。図を自由に書き込めることはもちろん、クライアントの目の前で書き込みながら一緒に気づきを得ることもたくさんあるからです。

エコやペーパーレスが叫ばれる世の中ですが、ビジネスの現場から紙をすべてなくすことは、逆に効率が悪くなり、結果無駄な会議や残業による電気代を増やすことになりかねません。

デスクの上が書類で山積みになっているようでは、ビジネスマンとして情報処理能力がないことをPRしているようなものです。

もしあなたが上司なら、デスクの上がいつも書類でいっぱいの部下ときちんと整理ができる部下のどちらに重要な仕事を任せるでしょうか？

私は、デスクやPCのデスクトップの状態は、その人の情報処理能力はもちろん、精神状態まで表していると思っています。

私が社長を務めていたころは、今まではキレイに整理していた社員のデスクが荒れてきた場合、仕事量がキャパオーバーしていないか、内外ともに人間関係でのトラブルはないかなどに気を配っていました。これも大切な社長の仕事です。

情報処理能力が低いタイプの人はもちろんですが、そうでない人でも**心身に問題が生じた場合に共通してまず起こるのが「モノが捨てられなくなる」ということ**だからです。

要は、あらゆる面で判断基準が鈍ってくるからです。

自分でもそれが見えたら、黄色信号だという認識をいつも持っています。

そして悪いことに、モノが増えれば探す手間や検索の手間が増えて効率が悪くなり、悪循環のスパイラルにはまり込んでしまいます。

つまり「捨てる」という技術を体得することは、決断力を磨くトレーニングでもあるのです。

私が「捨てる」ために行っていることが3つあります。

1. それを捨てたら本当に困るか、具体的にシミュレーションしてみる
2. それがあるせいで、ロスするコストや時間を割り出してみる
3. 捨ててしまった場合、本当に必要なときにもう一度購入ができないか考えてみる

捨てにくいときは、社長目線で「無理無駄の廃止！」と唱えながら整理を行うと、決断を早くできました。判断基準を意識しながら整理を行わないと、なんとなくもったいなくて「捨てられない」という誘惑に負けてしまいます。

モノを徹底的に減らしたら、あとは保管方法です。

できるだけ管理するファイルを少なくするのが理想ですが、何よりも大事なことは定期的なファイルの整理です。

山積みになった紙類を捨てる作業や、必要なものをファイリングする時間を毎日少し、それが無理と言うなら1週間に一回でも定期的に情報整理の時間を作ることです。

これについては仕組みを複雑に考えるより、「決めたサイクルで、とにかく整理をす

る」こと、「帰るときに机に書類を置かない」という**自分にとっても周囲から見ても視覚的にわかりやすいルールを作る**のもいいでしょう。

私のクライアントで、毎週1回「美化チェック」というイベントを行っている会社があります。美化委員が各社員をはじめ、社長の机の上まで美化度をチェックして、キレイな人には自社商品の引換券をプレゼントしています。

決して報酬が大きいわけではありませんが、月間ランキングを公開して毎月表彰を行うことで、全員参加で全員が楽しめる企画になっているそうです。細かな評価基準は特にありませんが、デスクが半分以上見えることを最低基準にして、モノを置き過ぎないことのルール化に成功しています。

大切なことは、こうして会社や家族を巻き込んだ仕組みを利用して、自分自身を管理していくこと。そうすれば、整理整頓が長続きし、それにつられて自然に**「捨てる」能力＝決断力**が身についてきます。これぞまさに「社長の勉強法」です。

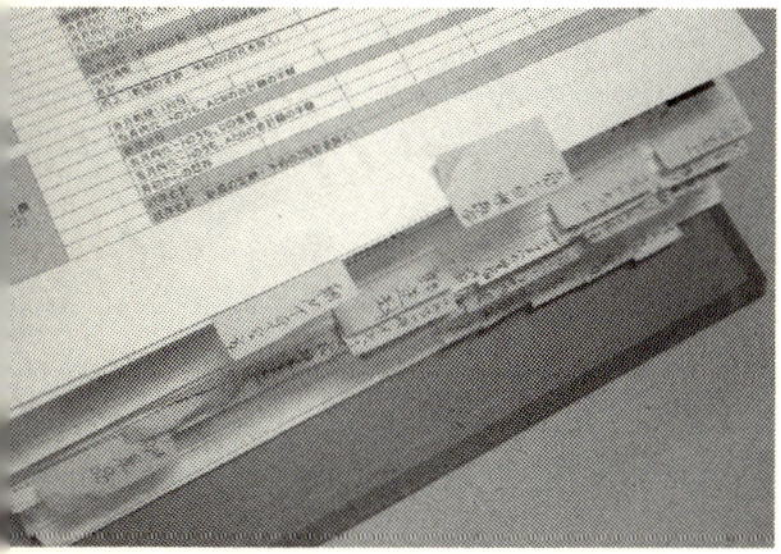

付箋を付けて資料を整理する

大きなノートにサインペンで書くメモ術

情報を整理するのにメモを取ることは、とても重要なことです。しかし、どんな方法でメモを取るのがいいのでしょうか？

そもそも、メモを書く目的は忘れないようにするとか、後で議事録にしたり、確認するためではないでしょうか。

しかも、会議や講演などで、誰かがしゃべっていることを書きとめるためには、素早く書くことも必要です。

そうだとすると、**メモを書く紙は大きいほうが、できたらＡ３サイズであれば書きやすいし、わかりやすい**というのが私の考えです。

利点はいくつかあります。紙が大きいとそれだけ情報の記録スペースが大きいので、一回の会議・講演の内容が少ない枚数の紙に収まります。これは、後で情報をまとめやすくするためのコツですね。

次に、同じ走り書きでも、大きな字で書き込めるので、ゆとりをもって書けます。後で見返したとき、小さな字では、何を書いたのか認識できないこともあります。

私にも自分で書いた字が自分で読めないという経験がありますが、そもそも字のサイズが小さいことが原因で、大きな字で書くことができれば、この問題は解決できると思っています。

キレイな字で書くことが一番いいのですが、急に改善できるものではありません。

しかし、字を大きく書くことは、書くスペースに余裕があればすぐにできることです。

そして、**追加で書き込んだり、思いついたキーワードやアイデアをメモと同時にまとめたりできるのも、紙のサイズが大きいことのメリット**です。

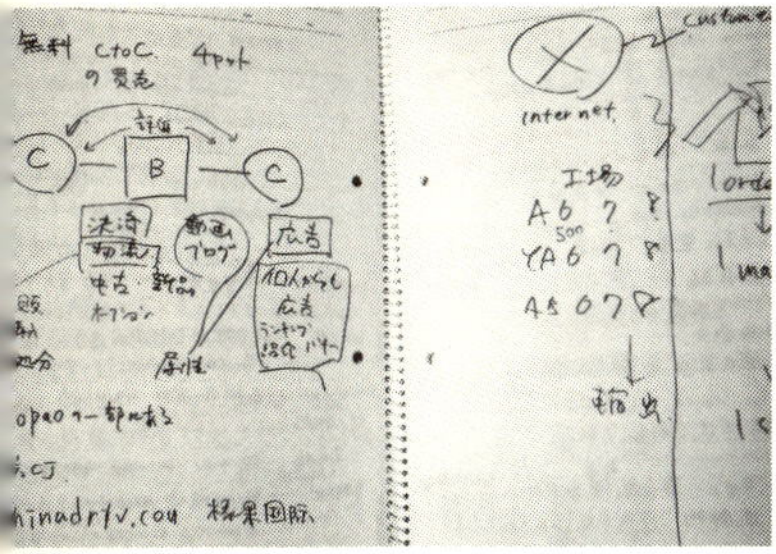

スケッチブックに大きな字を書く

しかも、コストはとても安い。エコ社会の時代に紙を贅沢に使うのは、確かにもったいないかもしれませんが、情報整理ができることを思えば安い投資です。

紙を贅沢に使っても、せいぜい何百円の世界です。大きい紙でどんどん書き込めるようにするだけで、効率が画期的に向上してアッと言う間にコストは回収できます。

これは、何も私だけが実践していることではありません。ネットプライスドットコムの佐藤輝英《さとうてるひで》社長も、会議には大きなスケッチブックを持って出席するのが常でしたし、サイバーエージェントの藤田《ふじた》晋《すすむ》社長も同じようにしていたのを見たことがあります。他にも著名な経営者の方々が画用紙などの大きな紙を使っていると、人伝やメディアでよく聞きます。

成果を出している人がやっているということは、効果があるからに違いありません。単純に真似するだけでも価値があると思います。

私の場合、わかりやすく情報を整理するために、もう1つ付け加えることがあります。それは、**書くための道具として、サインペンを使う**ということ。

いろいろ試した結果、大きい紙にはこのサインペンが一番書きやすいということがわかったのです。

サインペンは、ボールペンや万年筆に比べると線が太いので、自然と字を大きく書くようになります。そのため、わかりやすく残すという目的にはちょうどいいと感じています。

巨大なポストイットを使った問題解決法

アービンジャー・インスティチュート・ジャパンの陶山浩徳《すやまひろのり》さんが推奨している「箱セミナー」というメソッドがあります。「箱セミナー」では、人としての有り方に気づきながら、人間関係の見直しをするプログラムがあるのですが、このメソッドでも大きな紙を使っていました。

大きいといっても画用紙程度のサイズではなく、もっと大きいＡ１やＢ０というサイズです。

これは、**一番大きいサイズのポストイット**です。ポストイットだから、ベリベリと剥がして何度でも貼れる。そこに陶山さんが図や言葉を書き込みながらプログラムが進んでいきます。ホワイトボードもパワーポイントも使いません。実際にそのプログラムを受講してみましたが、これがとても効果的だと感じました。

会議では大きなポストイットを使う

書いた紙をそのまま残して話が進むので、話が後戻りしてもすぐに見返せる。ホワイトボードだと消してしまうので、後戻りしたときには共通のビジュアルで確認ができない。そして、捨てずに取って置けば、時間がたっても何回でも見返せるので非常に便利……など、メリットはたくさんあります。

人が書いたリアル感が一緒に記憶に残るので、後から気がついたり、立ち戻って理解を深めたりすることもできます。やはり、広い視野で見渡せる大きな紙が、とても役に立っているのです。

この大きなポストイットはアスクルでも売っているので、誰でも簡単に手に入れることができます。

さらに「すごい会議」という業績やパフォーマンスの向上に成果が出る「会議の進め方」があるのですが、このサービスを展開している大橋禅太郎《おおはしぜんたろう》さんも大きなポストイットを使って会議を進めています。

もちろん、このメソッドを導入した企業の業績が期待以上に向上するのは、紙が大きいことが主因ではないかもしれません。しかし、会議の場面でも書いた内容を残しておけたり、追加のアイデアを書き加えたりできる点は、見逃せない事実です。

視覚に訴えたコミュニケーションツール

今の時代、私たちのビジネスに求められるのは何よりもまずスピードです。

本書でも繰り返しお話ししていますが、仕事はもちろん勉強であっても常にROT（時間対効果）を意識して動かなければなりません。ROTを意識すると、「自分の意図をどれだけ短時間で相手に伝えるか」がとても重要であることがわかってきます。

どんなにデジタル化が進もうとも、図で説明するのが一番だと私は考えています。**図解の難しさは、時間軸や人間関係、コストに隠れた複雑な状況を、どこまでシンプルにしてかつ大事な要素が抜け落ちないように伝えるか**です。

図解が難しいと感じるのであれば、とにかく論議のキーワードだけを書き出してみてください。

たとえば、何色かのサインペンを使って色分けしながら、大きめのノートやスケッチブックにしっかりとキーワード

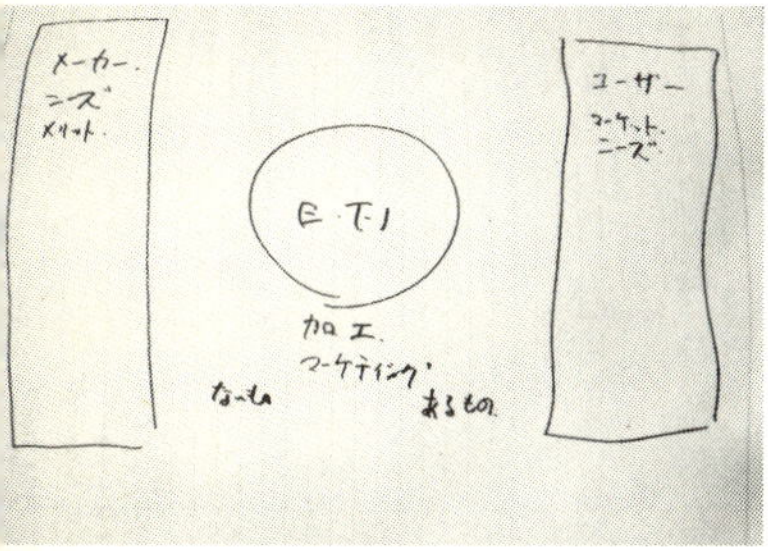

簡単な図解ならすぐに作れる

を書き、議論をしている相手にもハッキリ見えるようにして話を進めていきます。その中で、会話のメインになっている言葉を□で囲みます。後は、それらをグルーピングする意味でより大きな□や○で囲ったり、矢印や線でつなげてみてください。そうすると、相手はその文字を指差しながら話をはじめられます。ノートを使って情報を共通化できた瞬間、実は議論の主導権はあなたが握りはじめるのです。

そう考えると、途端に図解がおもしろく感じませんか？


私はこれをある意味**ビジネス上の心理戦**だと思っています。どうしても勝ちたい打合せ、たとえばクライアントや生産工場との価格交渉を行うときなどは、この手法で何度有利に交渉ができたことでしょうか。

また、どうしても利害が一致しない場合でも、図解を使うことで何度も同じ議論を繰り返さなくてもいいようになります。お互いの間に図が存在することで、議論が整理されるので、「面と向かって」の討論を和らげてくれる効果があるからです。

頭でわかっていてもやれていない人がほとんどではないかと私は思っていますが、私の経験上、**図解をうまく使いこなしている人のほとんどがリーダーとして活躍しているか、**

後にリーダーになっているように感じます。

図解するということは、ROI（費用対効果）、ROT（時間対効果）の側面で考えてもすばらしいスキルです。トップを目指す人には、今後、コミュニケーションだけではなく必ずセミナーやプレゼンテーションで図を使いこなさなくてはならないときが必ずきます。

そのときのために、シンプルでかつ説得力のある図を活用したディスカッションを日々トレーニングしておきましょう。

強みを磨き、自己価値を高める方法

勉強の目的はさまざまですが、自分自身の価値を高めるためだと言うことは共通していると思います。

その価値を高めるためには、単純に**「自分の強みは何か？」**を常に自問自答することが重要です。

そのときに注目してほしいポイントが3つあります。

1.「好きなこと」より「得意なこと」で勝負する

「好きなこと＝得意なこと」という公式が成り立っている人は、ほんの一握りでしょう。

「好きなことで食べていきたい」という言葉を発する人でも、「好きなこと＝得意なこと」という公式が成り立っていないことが多々あります。

もちろん、これから挑戦するというのもわかりますが、社長の視点で考えた場合、「いつかものになる」という懸《か》けのようなことに、お金や時間を投資したくないのは当然です。

〝勝てる勝負〟に出るなら「好きなことで食っていける」より**「得意なことでトップを目指す」ほうが、投資価値は高い**のです。

2.「ニッチ」を狙う

ニッチとは、特定のニーズを持つ規模の小さい市場のことを指し、「隙間市場」とも言われています。

自分の価値を最短で高めたいのであれば、最初からわざわざライバルや競合の多いところへ打って出るのは得策ではありません。**まずはニッチ市場でトップを取り、その成功体**

験を元に次のステージに進むのが、実は最短のルートなのです。

3. 自分の「勝ちパターン」を知る

誰もが人生の中で、小さいことから大きなことまでたくさんの目標を達成し、何度も喜びの声をあげた経験をしたはずです。

ただ、この体験談を細かくすることはできても、「どうして目標達成に至ったか」という、いわゆる「勝ちパターン」がわかっている人は、やはり一握りしかいません。

この「勝ちパターン」がわかるようになると、すべてにおいて「勝ちパターン」に持っていくトレーニングができることはもちろん、そのパターンから外れた場合の軌道修正も早い段階で手を打てるようになります。多少の不調や失敗、トラブルは回避できるようになってきます。

「どうしてダメだったのか」「次からどうすればいいのか」という分析が容易になるからです。

つまり、リスクヘッジのアラート機能が敏感になるので**「勝ち続ける」というより「負け知らず」という状態に持っていくことが、競争社会を生き抜く力になる**のです。

人脈を構築するための「自分の印象の残し方」

自分の目標を達成するためには、1人の力ではどうすることもできません。自分が社長になったとき、社員や他の会社の人など、多くの人の協力が必要になります。そのため、多くの人は人脈が大切だと言っています。私も、その意見に賛成です。ここでは、私なりの人脈術を述べたいと思います。

人脈を広げたいと思ったら、**まず人が集まるところに行く**ことが大事です。異業種交流会でもセミナーでも、ちょっとした集まりでも、とりあえず行ってみたほうがいい。どうせ行っても何も起こらないと思って行かない人は、本当に何も起こりません。あらかじめどんな集まりか案内があるかもしれませんが、実際に行ってみないと、その内容もわからないし、どんな人が来るかもわからないのです。

人が集まっている現場には、新しい情報が集まっています。**人が集まるところで、何か**

新しいことが起こるのです。

人と会ったときに、もっとも気をつけてほしいのは、**「一回一回の接点を大事にする」**ということ。せっかくの出会いを無駄にしている人が多いように私は感じます。

たとえば、パーティーで話して名刺交換をした後、メールを送ってくる人はたまにいます。しかし、実際に会うアポを取ってくる人はほとんどいません。

逆に言えば、そこにチャンスがあります。相手に自分のことを印象づけることができれば、人脈を広げることができるのです。

本書の帯には、出井《いでい》伸之《のぶゆき》さんの推薦文をいただきましたが、出井さんとの出会いをさかのぼってみると、もともとはある会社の社長さんの紹介で出井さんが経営されている会社のセミナーに参加したことがきっかけでした。

誰も知り合いはいないし、どんなセミナーなのかもまったくわかりませんでしたが、とにかく会場に足を運んでみたのです。とても緊張しましたが、思い切って名刺交換を申し込んだことをよく覚えています。

そして、逆に私がセミナーをさせていただき、ありがたいことに推薦文まで快く引き受けてくださるまでに発展したのです。

この場合も、はじまりは「勉強になるから行ってみたら」とすすめてくれた、その社長さんの言葉に従って行動しただけです。人の集まるところに行くという行動を取ったからこそ、つながったご縁なのです。

相手に自分の印象を残すための、具体的な方法を2つ紹介します。

1つは、**名刺を工夫する**こと。人よりもバカでかい名刺、変な名刺は印象に残ります。会社の名刺なので、どうしようもないと思う人がいるかもしれません。

しかし、会社の名刺を使う義務などありません。仕事とは、会社名でするものではなく、自分の名前でするものです。

そういう観点からすると、自分で自分の名刺を作ってもいいはずです。誰もが会社の名刺を配っている中、自分仕様の変わった名刺を配れば、それだけで相手の印象に残ります。

ただ、変わった名刺を配ればいいというわけではありません。**「もっとこの人と話したい！」と思われるような仕掛けを作らないといけない**のです。

そのためにも、勉強して自分の得意分野を作る。名刺交換は、勉強の成果を発揮するチャンスでもあるのです。

実際に会ったことのある例を挙げますと、表は普通の名刺で、裏が手品師の名刺になっている人がいました。彼は手品が好きなのですが、趣味のレベルを超えて、あちこちの宴会で手品をしているそうです。

それがどのくらいの収益に繋がっているかまではわかりませんが、手品から興味を持った人が、本職でも一緒に仕事をしたいと思っても不思議ではありません。

その場で簡単な手品をあいさつ代わりにしてくれるのですから、それだけで彼の印象はいつまでも残ります。

もう1つのポイントは、あまりにも当たり前なことですが、**出会ったことのお礼を伝えること**です。これは、一般的にはメールでしている人も多いと思います。しかし、メールだけだと相手の印象に残らないでしょう。

相手が社長だったりすると、毎日何百通ものメールが届きます。その中で、自分のメールを目立たせるのは至難《しなん》のワザです。

私は、**メールよりも手紙やはがきのほうがいい**と思っています。あえてアナログなもののほうが、相手の印象に残るからです。

これは、多くの人が「わかってはいるけど、やっていないこと」の１つだと思います。

だからこそ、やれば必ず結果が出ます。

実際、多くの成功者、社長が、この方法を実践しています。

私が印象に残っているのは、「お仏壇のはせがわ」の長谷川《はせがわ》裕一《ひろかず》会長です。

長谷川会長とは一回しか会ったことがありません。しかも、何百もの人が集まる大講演会のようなところでご挨拶させていただきました。おそらく長谷川会長は、そのとき２００人、３００人もの人と名刺交換されたはずです。

にもかかわらず、達筆《たっぴつ》な巻物みたいな手紙が届いたのです。印刷ではなく、手書きです。おそらくお会いした１人ひとりに、自分で書かれているのだと思います。しかも、そのときに話した内容について触れられているのには、感動するしかありませんでした。

この例からも、手書きの手紙やはがきのほうが、相手の印象に残ると言うことができます。

いつもメールで済ませている用事やあいさつをアナログ（手紙やはがき）に変えてみるだけなら、誰にでもできることです。一度試してみてください。

3つのタイプに分けて、人を見極める力を養う

リーダーになろうとしている人にとって、部下の特徴を把握しておくは必須事項です。そのためにも、**早い段階から人を見極める力を養っておく**必要があります。

その力を養うために、私が実践している方法を参考にしてください。私は、人を大きく分けて、3つのタイプに分類しています。

①結果を作るために正しく動けるタイプ
②口ばかりで動かないタイプ（批評家タイプ）
③汗をかくことは厭わないけれど、方法が合理的でないタイプ（汗かきタイプ）

③の汗かきタイプは、一生懸命やってはいるけれど、なかなか成果が上がらない。だから途中で疲れてしまったり、飽きてしまったりして、遊びはじめてしまいます。組織における分布を見ると、実はこのタイプが一番多く、全体の約6割を占めています。

②の口だけの批評家タイプは2割くらいでしょう。そして、①の正しく動けるタイプも2割くらいです。この割合は、どんな組織でもだいたい同じです。

3つのタイプは、高い目標を与えたとき、それにどう応えるかで、ハッキリ差が出ます。

①の正しく動けるタイプの人は、具体的な方法論やアドバイスなど、ポジティブなリーディングで不安材料を解消してあげれば、すぐに動き出します。動きながらトライ&エラーを繰り返し、自分で力をつけていくことができるタイプです。

「前例がない」「データがない」「時間がない」と、できない理由を並べるのは、まさに②の批評家タイプ。「そんなことやって、一体どういう意味があるんですか?」と、そもそも論で抵抗するのも、このタイプの特徴です。

③の汗かきタイプが気にするのは、自分の負担です。やる気はあるけれど成功をイメージできないので、自分だけが汗をかくような気がします。そのため、「メンバーが足りない!」「他にリソースはないんですか?」ということを盛んに主張します。しかし、そこをクリアして、道筋をつけてあげればエンジンがかかります。

みなさんも、職場の人を思い浮かべながら考えてみてください。だいたいどれかに当てはまるのではないでしょうか？

この3つのタイプは、あくまでも仕事への取り組み姿勢、結果を作りにいく姿勢の違いです。人としての魅力や学力を測るものではありません。

ただ、どんな仕事でも結果が求められます。ただ頑張るだけでも、理屈を並べるだけでも困ります。メンバー1人ひとりが伸びなければ、チームの成長もありません。**タイプを見極めたうえで、それぞれの個性や資質を伸ばす手腕がリーダーには求められます**。

どんなにハードルの高い仕事を与えられても即座に「やります！」と言える人、それを達成する方法やリソースを自分で見つけてくれる人が理想ですが、そのような人はごく少数派でしょう。

そこを基準にするのではなく、それぞれに合った動かし方を考えるのがリーダーの仕事、社長の仕事なのです。

新入社員でも評価基準を学ぶ方法

もしあなたが上司なら社員の仕事を評価するとき、どこを見るでしょうか？

目に見える成果やリーダーシップ、あるいは大きなプロジェクトを成功させた実績でしょうか？

確かに、評価する側としても評価される側としても、実績はわかりやすく、評価しやすい部分です。

ところが、入社したての新入社員の場合、そんな仕事が任せてもらえることはほとんどありません。仕事のほとんどは、末端の仕事や日々のルーティンワークばかりです。

その場合、人を評価するのは難しいと考えがちですが、一見なんの変化もない末端の役割の中でどれだけ工夫ができているか、何かを発見しようとしているかといった**取り組む姿勢こそが評価すべきポイント**なのです。

もしあなたが上司だったとして、末端の仕事でもいつも工夫をして、新たな発見をしている新入社員とただルーティンワークをこなしているだけの新入社員がいたとしたら、どちらに別の仕事を挑戦させてみたいと考えるでしょうか？

答えは明確ですね。言うまでもないでしょう。

もしあなたが「今の仕事をつまらない」と感じて、仕事をこなしているだけであれば、いつまでたっても末端の仕事から抜け出せません。

つまり、**どんな役割や立場でも受け身でいる人には大きい仕事は回ってこない**のです。

上司も人間です。昇給や昇格の対象にはしたくない人がいます。

それがどんな人かを想像すれば、あなたは明日からどんな姿勢で仕事に取り組むべきかわかると思います。

チャンスを呼び込む一番の武器「手を挙げる」の論理

特に若い人は、どんなことでもいいので、尻込みしないで自分からどんどん手を挙げてほしいと思います。そうすることで、会社になくてはならない存在になれます。

そのためには、**まず人が嫌がる仕事に手を挙げること**——。

手を挙げる人が少なければ、それだけチャンスが回ってくるということです。小さなことでもいい。真っ先に手を挙げる習慣がつけば、すごく難しそうなプロジェクトで「メンバーを社内公募します」というときにも、スッと手を挙げられるようになります。

難しそうなことほど、成長できるチャンスです。みんなが嫌がるプロジェクトほど、一番乗りで参加したほうがいいと思います。

あれこれ思案する前にサッと手を挙げ、体を動かす習慣が身についていることは、自分の強みになります。

これは、**チャンスを呼び込む一番の武器**と言っても大げさではありません。運がいいと言われている人の多くは、実は手を挙げることで、自分から運を呼び込んでいるのです。

たとえ自分の不得意な仕事でも、やればできるようになりますし、やれば伸びます。

「Believe yourself」です。

根拠のない自信がチャンスを呼び込み、そこで経験を積むことで本当の自信がつく。私が「池本さん、やってくれる?」と言われたとき、絶対に断らないのは、自分が成長するチャンスが訪れたと思うからです。

手を挙げる習慣は、本当に普段のちょっとしたことでも身につけることができます。

たとえば、研修とかセミナーに参加したら、真っ先に質問する。気になること、わからないことがあれば、恥ずかしげもなく聞く。ついでに、「素直さ」も鍛えられます。

「誰よりも先に質問するぞ！」と決めて人の話を聞くと、聞く力もつきます。相当真剣に聞いていないと質問はできないからです。

そういうふうにしていると、いつの間にか会社にとって「はずせない人」になります。会議でもいろいろ聞いてくるし、いろいろなものにも食らいついてくる。何にでもすごく興味を持って「やります！」と手を挙げていれば、必ず名前を覚えてもらえます。みんなが嫌がることも率先してやっているとなれば、かなり目立ちます。

勇気を持ってチャレンジする中でしか、大きな成功は生まれないものです。思い切ってぶつかった経験がないと、日々の仕事の中でも思い切った行動は取れません。

また、そういう経験をしていないと、自分がリーダーになったときに、メンバーのチャレンジを後押しできないでしょう。

思い切ったチャレンジの経験がないと、リーダーは務まらないのです。

仕事で上を目指すなら、失敗も経験し、失敗したときはどうすればいいかも学んでおく必要があります。失敗を恐れていては、大きなチャレンジはできません。

ヒットを生み出す潜在的ニーズとアイデアの見つけ方

近年のヒットしている商品は、ＣＭでは「新商品」と呼ばれていても、実はこれまでにあった既存商品の掛け合わせだったり、ネーミングだけを変えたものです。今の世の中において、まったく新しい商品はもうないと言われています。

しかし、これらがすばらしいのは、そこに**マーケットの潜在的なニーズに答えられるものを見つけ出した**という、その発見にこそ大きな価値があるからです。

そのためにはまず潜在的なニーズを引き出すことが、とても大切です。

当たり前のように見えますが、この「潜在的」なところを引き出すのが実はとても難しく、自然に本音を引き出すテクニックが必要となります。

まずは顧客の不満や不便に耳を傾けることがスタートになりますが、１人だとこちらに言いづらい場合もありますし、偏りが出てきます。

したがって、数名の顧客と同席して、顧客の日常の生活スタイルを想像しながら商品やサービスについて話をうかがいます。

そうすると、自然に「あったらいいな」や「どうしてないの？」からはじまって、「あのお店ではこうしていたのに」「あのサービスが忘れられない」というヒントまでをくださるようになります。

複数がいいのは、お互いの言葉に触発されて、すばらしい潜在的なニーズを解決するアイデアがどんどん生まれるからです。

潜在的なニーズやアイデアを引き出すには、もちろんこうした**顧客の集まりを企画できるのが一番理想的**ですが、本当に求めていれば**電車の中でも、スーパーでも、ファミリーレストランでもニーズやヒントが耳に飛びこんできます**。

意識を変えるだけでどんな場所でも学びの場に変えられるのです。是非今日からチャレンジしてみてください。

ロジカルに考える「なぜ？」「どうして？」の習慣

ビジネスは科学です。

もう少し噛み砕《かくだ》くと、自分にとっての好き嫌いや善悪など個人の感覚を基準にするのではなく、**客観的な数値や根拠となるデータをもとに最適な答えを探す**ことです。本書では特に「勉強の効率化」に重点を置いて、話を進めてきました。

読者のみなさんには事実を積み重ね、ロジカルに思考を深めるというスキル、「勉強を科学する術」を身につけていただきたいと思います。

難しく考えることはありません。

まず、しっかり現状を把握して課題や問題点を見つけ出す。それを解決するにはどうすればいいのかを考える思考を持てばいいだけです。

あなたが抱いている感情ではなく、事実をもとに**「なぜだろう？」「どうしてだろう？」と課題や問題の核心を追求していけばいい**のです。

そうすると、必ず原因にいきつきます。今度はその原因を表面的にではなく、根本から徹底的に解決する方法を考えて、すぐに実行します。中途半端な解決策や着手までの時間が遅くなればなるほど、課題や問題は肥大化していくからです。

もちろん、解決策を実行することは簡単ではありません。

だからこそ、感情ではなく事実にもとづいた解決策と、必ず解決できるという決意で、真正面から取り組むことが非常に重要なのです。

できる社長の5つの特徴

私は、成功した多くのできる社長にお会いして、お話をうかがう機会に恵まれてきましたが、そこで気づいたことがあります。彼らには、仕事も勉強もできる以外に共通して、次にあげる「5つの特徴」があることです。

①素直であること

本書でも何度かその重要性を説明している「素直さ」は、やはりできる社長たちにも見られる特徴です。

成長するために常に勉強をし、仕事でもさらに成果を上げようとしている社長たちは、**「受け入れる」ということに対して非常に柔軟性があります**。

知らない情報を受け入れたり、新しいやり方を受け入れる姿勢があるからこそ、社会の激しい変化にも対応できる。その結果が彼らの知識の幅を広げ、ビジネスの繁栄につながっているようです。

②すぐに行動すること

素直であることとも密接に関係があるのが、すぐに行動することです。

実際に行動してみなければ、どのような結果になるかは誰にもわかりません。だとすると、**早く行動を開始することが、早く結果を知る唯一の方法**です。

このような当たり前のことを実践した積み重ねが、できる社長の地位を作ります。また、さらなる進化を続ける原動力になっているのです。

③伝える力

できる社長と話していて、いつも感じることは、情熱や想いがヒシヒシと伝わってくるということです。

語り口やコミュニケーションのスタイルはさまざまです。できる社長だからと言って、決して話し上手とは限りません。

しかし、**心の深いところにある熱い想いが溢れるように伝わってくる**のです。それは、仕事に対する愛情であったり、社会に貢献する使命感であったり、動機もまたさまざまですが、思わず引き込まれることは共通しています。

この人についていきたいと感じた人たちが強いチームを構成して、できる社長を支えていることは容易に想像できます。

④投資対象を見極める力

毎日のように新しい情報に触れ、次々とビジネスの提案もできる社長が、素直に「受け止める」どころか「受け入れる」ことができるのはなぜでしょうか?

私は、その情報や提案が「受け入れる」に相応しいかどうかを、瞬時に見極めているからと考えています。

彼らが単価の高い自分の時間やエネルギーを投資することは、簡単ではありません。

しかし、彼らはいとも簡単に投資の判断をしているのです。そのためには、**日ごろからの情報分析とその結果の蓄積を繰り返してできるもの**です。

日々の小さな勉強の積み重ねによって今日の自分がある――。これは勉強を進めていくうえで、非常に参考になることです。

⑤決してあきらめない精神

最後の大きな特徴は、非常にタフで我慢強く、粘り強い精神を持っていることです。

著名な経営者の逸話の多くに、最初は誰からも相手にされないどころか、笑いものにされていたような状態から、それでもコツコツと仕事を続け、やがて社会に認められる存在になったといったストーリーがあります。

もしかすると、**成功するかしないかは、あきらめないで続けられるかどうかの差**ではないかと私は感じています。

金銭的な窮地《きゅうち》に立たされたり、八方ふさがりの閉塞感《へいそくかん》に比べれば、勉強がうまく進まないことなど、小さなことに思えてきます。

勉強が進まないくらいでへこたれず、彼らの精神を見習いたいものです。

第5章

成功する勉強、失敗する勉強

なぜ、「勉強すること」は「人生の選択」なのか？

誰でも勉強が大事だと思っています。

しかし、その理由をハッキリ言うことができるでしょうか？

何となく大事だと思っている人も多いのではないかと思います。その理由を本章でハッキリさせておきたいと思います。

私たち普通の人間は、勉強する理由をハッキリさせないと、モチベーションも続きませんし、効率も悪くなってしまうからです。

まずは、「勉強したいと思っているのに、勉強していない人」を考えてみたいと思います。

そういう人は、「起業したいと思っているのに、いつまでも会社員のままの人」と根本的な考え方が似ていると思っています。

なぜなら、どちらも自分で決めればいいことだからです。

勉強が嫌ならば、しなくてもいい。起業をしたくなければ、しなくてもいい。勉強をしなくても、起業をしなくても、日常は流れていきます。何の変化もありません。

何が言いたいかというと、**最初の一歩を踏み出すかどうかを決めるのは自分**だということです。

何らかの理由を見つけて、最初の一歩が踏み出せない。誰かのせいにして、やらなくていい理由を探している。そういう点で、この両者は非常によく似ています。

まず、勉強したければ自分から動いてみることです。起業にしても同じこと。

「勉強したところで収入に変わりがない」「景気が悪いから時期じゃない」など、行動しなくていい理由を、他人や環境に求めていないでしょうか？

しかし、今も勉強をして能力を高めている人はたくさんいます。起業して成功している人もたくさんいます。

簡単に言ってしまえば、「やるかやらないか」――。違いはそれだけです。実際にやった人だけが、結果を手にしているのです。

それでは、**「勉強をする理由をハッキリさせる」**という本題に入りましょう。

そのためには、ズバリ**「自分の人生をどう選択するか」**を問いたいと思います。

実現したい夢や好きなこと、楽しいことが誰にでもあるはずです。私も同じです。なぜなら、誰でも自分らしく充実した一生を送りたいと願うのが、人間の常だからです。

それなのに、自分が思うように生きるのはわがままだと思っている人がいます。また、自分の人生を他人事のように、選択を他人に委《ゆだ》ねる人がいます。

誰でも選択は自由ですから、私は一向にかまいませんし、強制もしません。

みなさんはどういった選択をしますか？

この本を手に取ったということは、自分が望む人生、楽しいことや好きなことばかりが起こる人生を選択すると思います。

そういうことです。つまり、**勉強することは、まさに自分の人生を選択すること。自分が望む人生を手に入れるために勉強する**のです。

ROIとROTの追求が勉強効果を向上させる

自分が望む人生を手に入れるために、なぜ勉強が大切なのでしょうか？

その理由を考えてみたいと思います。

世の中は常に変化しています。時代が変化し、経営環境が変化し、組織が変化していま す。にもかかわらず、変化を拒《こば》んでいては、変化に取り残されてしまいます。

だから、勉強をはじめる前に「何のために勉強するのか」をハッキリさせる必要があり ます。

たとえば、その資格を取ることで、自分の仕事にどう活かし、具体的に「どんな実績を上げるのか」という部分をしっかり把握しておくことが大切です。

社外のセミナーや勉強会への参加も同様です。予算が許すなら、どんどん参加してほしい。でも、そこでの学びを仕事に活かすことが、ゴールになるような仕組みを作っておかなければ、「ああ、おもしろかった」で終わってしまいます。

たとえば、成果を発表する機会や他の人に教える場を用意するのは、「おもしろかった」で終わらせない仕組みの1つでしょう。

それよりも、「もっとリアルに仕事で使えるか?」「お金になるか?」など、**目先の願望に落とし込むほうが、勉強するモチベーションは上がります**。最初の動機は、そういった自分の願望でいいと私は思います。

ご存知の通り、勉強とは常に「お金」と「時間」がかかるものです。義務教育の間はもちろん、大学や専門学校などはお金を払って勉強します。

大人になってからは、資格の取得をはじめ、本の購入やセミナーへの参加などに一生懸命稼いだお給料をポンと払わなくてはならないのです。それだけではありません。

これに加えて、人生の大切な「時間」までを、そこに惜しみなく投資しなくてはならないのです。

まさに**「お金×時間＝成功への投資」**という公式が成り立ちます。

ただし、問題はこの公式には落とし穴があります。お金と時間をかけた数値が大きいからといってイコール「成功」というわけではないことです。

たとえば、あなたの目的が必要な資格を取得するためだとしたら、せっかくのアフター5や休日を使ってでも学校に通うかもしれませんし、何よりそのために必要な学費や教材をそろえなくてはならないでしょう。

私が開催するリーダーシップセミナーにしても、決して高額ではないと思っていますが、それだって参加する受講者の方はご自分の貴重なお金と時間を投資されています。だとすれば、**「使ったお金×使った時間∧収めた成果」**という公式を成立させる方法を知りたくはないですか?

実はその答えは簡単です。

ずばり**「社長の視点」を持つこと**なのです。

「社長の視点」、つまり徹底的に無駄を排除し、効率化することを日々トレーニングをすることです。

たとえば、何度も登場していますが、経営者たちは常にROI(費用対効果)という考え方をしています。勉強にたとえて公式にすると「収めた成功÷勉強にかかった費用=費用対効果」となります。

さらに、これと同時に「収めた成功÷勉強にかかった時間=時間対効果」というROT(時間対効果)という公式の存在を常に忘れてはいけません。

このような「社長の視点」を持って勉強をすれば、逆に「この額のお金と時間をかけてまで、これを学ぶ価値があるのか?」という、まさに**経営者らしい発想も自然と浮かんで**

くるはずです。

だからこそ、トップに立つ人間は必要な学びを吸収するスピードが早いのです。

本書ではそこに目を向け、私がコンサルタントとして見てきた、成功を収めた経営者たちの勉強法に加え、世の中に出版されているすばらしい勉強法や仕事術の書籍の中からエッセンスを厳選してノウハウを抽出しました。

まさにお金と時間をかけずとも成果を得られる学びの方法を「社長の勉強法」と名づけてご紹介してきたのです。

ただし、先にも申し上げた通り、本書の本当のメッセージは、**大人の勉強にとって大事なことは、小手先のノウハウではなく、「社長の視点」をどれだけ持って学べるか**です。

常に「この学びによって、利益回収できるか？」という社長目線で「大人の勉強」をできるようになった瞬間、この本のタイトルである「社長の勉強法」という言葉が生きてくるのです。

つまり勉強でも経営でも目的の明確化、それが一番大事だということです。

さあ、ここで私から質問です。

「あなたの勉強をする目的は明確ですか？」

「効率的であること」より重要なこととは？

かつて私も、当時勤めていた会社でキャリアアップをするために、どうしても「宅地建物取引主任者資格」を取る必要がありました。この資格を持っているのと持っていないのとでは、その後の出世に大きな影響があったからです。

とは言え、合格するのは簡単ではありません。常識的には何カ月も前から専門の学校に通い、テキストや問題集を大量に買い込んで、長時間の勉強をしなければ、合格できない資格です。

おそらく最低でも費用は学校と本代を合わせて数十万円はかかるでしょう。勉強時間は平均で５００時間以上必要と言われています。

これを半年間で実行したとして、計算すると1日あたり約3時間勉強しなければならないことになります。

ところが私の場合、勉強をはじめたのは試験のわずか3カ月前。それもテキストと問題集を1種類ずつ買ったのみで、学校にも通いませんでした。

勉強時間は、平均で平日1時間、土日でも2時間程度でした。つまり、合計の勉強時間は、120時間程度にしかなりません。さらに、使ったお金は数千円だけですみました。その程度の投資で、私は「宅地建物取引主任者資格」を取ることができました。

何も私の頭がよかったわけではありません。

「絶対に合格したい！」という強い目的意識があったからこそ、少ない投資で合格することができたのです。

つまり、強い目的意識があれば、時間やお金をかけなくても目的を達成することができるということです。そのために必要な効率的な勉強法を自分で考え出し、自分で工夫することで、普通の人間である私も資格が取れました。

大事なのは、効率的な勉強法が先にあるのではなく、強い目的意識があるということ。強い目的意識があれば、自ずと効率的な勉強法を工夫して考え出します。それが、誰にでも備わっている人間という生き物なのです。

勉強に関する本が、世の中にはたくさん溢れています。しかし、どの本も勉強の効率やノウハウを紹介しているものばかり。

もちろん、それは大切なことですから、素直に吸収すべきだと思います。本書でもノウハウをいくつも紹介してきました。しかし、その前に**勉強に対する考え方が重要だと認識しておいたほうがいい**と思います。

「変われない」人は、不良資産を抱えているのと同じ

あなたのまわりで、いつもがむしゃらに努力しているのに結果が出ない、そんな人はいませんか?

それは、時間やお金、それに費やすエネルギーなど、**自己投資するポイントを間違っているから**です。

自己投資とは、将来の自分からリターンを得るために、自分自身にお金と時間を投資すること。リターンが欲しければ、投資をしないとはじまりません。成長するためには、自己投資を必ずしなければいけないのです。

ここで、成長を定義しておきます。成長とは「できないことができるようになること。

わからないことがわかるようになること」だと、私は思っています。

私たち人間は、誰でも変化より安定を好む気持ちがあります。そのことは否定できない事実です。

しかし、先ほども述べた通り、時代は常に変化しているので、実際には安定している状態はありません。周囲の環境が変化しているのに、そこに留まろうとする。それは、実際には退化していることになってしまいます。

つまり、今の世の中では安定ということが存在しません。**留まることが退化なら、先に変化して成長するしかない**。それが私の結論です。

誰でも成長することに恐怖心や不安感があると思います。

そういった感情が起こったということは、自分が成長に向けて、正しい方向に進んでいるということですから大丈夫。

なぜなら、成長することは今と違う自分に変化しているから、その変化に戸惑い、恐怖心や不安感を感じているのです。変化しているということは、そこに留まり退化している状態ではないからです。

勉強が「最強の投資」である理由

「なぜ、社会人になってまで勉強しなければならないのか！」という人もいるでしょう。そういう人は、勉強する目的が見出せない人だと思います。

まず、わかりやすいのがお金のため――。最初は、それでいいと思います。スキルアップや独立のための準備と言う人もいるでしょう。しかし、それも結局はお金につながっているからです。

スキルアップのためであれば、給料があがる。独立するためであれば、会社員とは比べ物にならない収入を得る。

こういう話をすると、ときどき「しょせん、どんな資格やスキルを持ったところで、高学歴な人間にはかなわない」というセリフを吐いて、勉強を放棄する人がいます。

確かに、以前はそうだったかもしれませんが、ここ数年の不景気の中、社会が求めているのはとにかく即戦力となるスキルを持った人です。

「自分は、どこへ行っても即戦力になれる」と思った人は、既に危険信号かもしれません。

たいがい、現状のスキルというのはもはや最新でなくなっている場合が多く、気がつくと時代に取り残されている場合も多々あります。

つまり、何も勉強をしなければそのまま停滞するのではなく、時代が進むとともに、自分のスペックが古くなってしまう、つまり退化していくのです。

スポーツなどの勝負の世界では「攻撃は最大の防御」とよく言われますが、北京五輪女子ソフトボールの金メダルを日本に導いた上野由岐子《うえのゆきこ》投手は、「自分が打たれたら日本は負けるんだ」という思いを込めて、北京で使うグラブに「守りは最大の攻撃」と刺繍《ししゅう》していたそうです。

勉強もこれと同じく、「スキルアップや成長のために勉強したい」ではもう通用せず、実は、**「退化を防ぐために勉強すべき」**ととらえなくてはなりません。

雇用が制限される世の中で、勉強に関する必然性をしっかり感じられるかが、**これからの世を生き抜けるかそうでないかの境界線**なのです。

リーダーになってからリーダーシップを学んでも遅い

「勉強は好きですか？」

この質問は、かつて私が採用面接でよくしていた質問の1つです。

「嫌いです」と答える人は、まずいません。上司になるかもしれない人が目の前にいるのですから、ほとんどの人は「好きです」と答えます。

でも、それが本当かどうかは、少し掘り下げて話を聞いてみるとわかります。

たとえば、次に「最近、どんな本を読みましたか？」と質問すると、これに即答できる人はごくわずかです。勉強が好きなはずなのに、最近読んだ本が答えられないのは、なんだかおかしな感じがします。

なぜ、こんな質問をするのかというと、勉強が得意かどうかを知りたいのではなく、自分が興味を持ったテーマに対して、とことん掘り下げていくことができるか、その努力ができるかどうかが知りたいのです。

その過程で自分がどう感じたのか、さらに感じたことを自分の言葉で語れるかが大切なのです。

もちろん、自分の考えを持って掘り下げていれば、さらにいい。それがもっともな方法論であれば、もっといい。とにかく**自分の力で考えて、自分から動いていることが重要**なのです。

つまり、自分が興味・関心を持ったことに対して、単に「行動」するだけではなく「考えて行動する」という意味の「考動」をする。それができれば、仕事に置き換えても「考動」ができます。考えながら働くことができるか。これが、採用面接での重要な見極めポイントです。

たとえば、リーダーになってから**リーダーシップについて考えたり、勉強したりするのでは、もう遅い**のです。

なぜなら、リーダーになった瞬間から、判断の連続だからです。社長になったら、仕事は判断ばかりと言っても過言ではありません。

次々と現れる課題に対して、迷うこともあるでしょう。正解は、先にならないとわかりません。だからこそ、自分はこうするという判断基準が必要になります。

たとえ今すぐ使うことがなくても、**とにかくたくさんのことを吸収し、判断材料として蓄積しておくことが大事**だということです。

蓄積しながら、目いっぱい仕事をする。仕事をしながら、自分なりに考える——。考えた通りになったり、ならなかったりの試行錯誤を繰り返すことで、その経験を活かすチャンスがやってくるのです。

「苦手なことを克服」するのは、もうやめよう！

弱点や苦手の克服には時間がかかります。

できないことを、できるようにする努力は必要ですが、そこを人よりも秀でた強みにしていくのは並大抵のことではありません。

どんなに頑張っても一番になれないとなると、本人もモチベーションをキープしづらいもの。**弱みをカバーするより、自分の強みを伸ばしながら得意分野を広げていくほうが、自分にとってプラス**です。

そのため、私はよく**「自分の得意分野で、とにかく深く穴を掘ること」**をおすすめしています。

どういうことかというと、穴を深く掘ると穴の直径は自ずと広がっていきます。直径1メートルの穴のままで深さ100メートル地点までを掘るのはとても難しい。しかし、100メートル掘れば、自然に直径は何倍にも広がっているはずです。

まずは自分の得意分野を極めれば、自然とそのまわりのことに詳しくなるのです。そして、いつの間にか弱点や苦手分野も詳しくなっているものです。

つまり、結果を出すためには、まず「早く」「楽しく」はじめるのが一番ということ。そして、得意分野から勉強をスタートすることが大切です。

得意分野とは、勉強したい対象があればそれがベストですが、今やっている仕事を「得意分野」と考えると手をつけやすいかもしれません。

バイトであれ何であれ、お金をもらっているということは、お客様から見ればまがりなりとも「プロ」です。現時点で一般の人よりスキルは断然上ですし、現場で実際に勉強して得たことを実践することも可能です。

つまり、**今の仕事の腕を磨くために勉強するということは、実は一番手近であり、成果**

が今の仕事に反映される楽しみもともなう、一石二鳥の勉強対象なのです。

自己投資のポートフォリオを持っているか?

投資と言って、思い浮かぶものはなんでしょうか?

多くの人は、不動産や株、最近ではＦＸといったものをイメージするのではないでしょうか。

確かに間違いではありませんし、私も投資は大好きです。むしろ、お金を増やすことは、生きていくためのスキルとして必要なことだと考えています。学校で投資の知識を教えるべきだとすら思っています。

決してお金がすべてとは思いませんが、きれいごとを抜きにして、実際の社会ではお金があることで、選択肢が増えることばかりです。

移動は普通車かグリーン車か、ランチはファストフードかレストランか、宿泊は民宿かシティホテルか――。

どれも選択肢ですから、どちらがいいと言うことではありません。安いほうが惨《みじ》めで高いほうが優越《ゆうえつ》というわけでもなければ、安いほうが賢くて高いほうが無駄遣いということでもないのです。

実際に、大金持ちの普段の生活は驚くほど質素で、とにかくお金は使わない。つまりケチという人が多くいます。お金持ちになったから、お金のありがたみがわかってケチになったのか、もともとケチだからお金が貯まって、お金持ちになったのかはわかりません。

しかし、少なくとも彼らにはどちらでも選べるという選択肢を持っていることは間違いありません。

お金があると選択肢が増えるということは、子どもでも知っておいたほうがいいと思います。

さて、投資について私が考えるもう1つの考え方があります。

それは、投資するのであれば、もっとも確実にもっとも大きなリターンが期待できる投資先に投資するべきだという考え方です。

では、もっともリターンが期待できる投資先はどこでしょうか？

それは自分自身です。**自分への投資が、後々になって高い価値を生み、莫大なリターンをもたらす可能性があります**。

しかし、どれほどの人が、本、セミナー、学校、通信教育、教材、学習ツールなどに、どのくらい投資するべきかについて真剣に考えたことがあるでしょうか。

詳しく調べたわけではありませんが、お金を増やす投資に比べたら、自分への投資について考えている人は、はるかに少ないと思います。人口比にするとおそらく数パーセントにしかならないでしょう。

しかし、反対に多くの人が自分への投資は大切だと思っています。思っていながら、実践している人が少ない。

ここに大きなチャンスがあります。つまり、**自分に投資すれば、確実に数パーセントの中に入れる**ということだからです。

勉強は、なぜノーリスク・ハイリターンなのか?

自己投資をして、一体何が得られるのでしょうか?

それは、知識やスキル——。そして、それらを知るだけでなく、できるようにするための考え方や行動の習慣まで、得られるものは幅広く、そして深い範囲のものがすべて含まれると思います。

本書ではあまり多くは触れませんでしたが、「どんな人と関わるか」「どこに行って何をするか」「何を食べたり飲んだりするか」「何を見たり聞いたりするか」まで投資する対象は非常に広範囲なのです。

これらをひと言で言うと、「成長」につながるということ。

自己投資で得られるものは「自己成長」であり、それこそが勉強の目的です。

逆に言えば、勉強という自己投資がなければ、成長することはできません。

ちょうど投資したお金が数パーセント増えるように、知識やスキルが広く、深く、大きくなります。成長を得るための思考や行動のすべてが勉強なのです。

どうでしょうか？　勉強をすれば将来、自分の力で莫大なリターンをもたらすことを想像すると勉強が楽しくなりませんか？

そう考えると、勉強するチャンスは身近なところにあることがわかってくると思います。

しかも、自分で作り出すことができます。

なぜなら、社会人にとっての成長とは、机に向かって勉強することだけではないからです。普段の仕事、生活の中でも、成長するチャンスはいくらでもあるのです。

学生は学費を払うと学校が勉強を教えてくれますが、社会人は会社で給料をもらいながら勉強することができます。

とても恵まれた環境ですよね。そこで他の人よりも多くのことを学び、成長した人が、やがて大きな仕事を成し遂げたり、他社から引き抜かれたり、起業して成功したりします。

まさにチャンスは目の前にあるわけです。

最初の起点になっていることは、勉強することです。勉強しようという意識があれば、どんなことからでも自分の成長に結びつけられるのです。

まずスタート！　きっかけはそれでOK

勉強も計画や最終的に目指すゴール地点を描くことが必要です。

しかし、**今何もしていない人は、それよりも、まずはじめてみることが大事**です。それが何であれ、やれば必ず結果につながります。

勉強することで、自分の知識の幅や深さが、ほんの少し広がります。それが実感できないうちに、計画作りをはじめたところで、実体のある計画にはなりません。それどころか、計画する意味すらわからなくなってしまい、すぐにやめたくなってしまうのが落ちです。

だから、誰しも三日坊主を経験するのです。

たとえば、営業から経理部門に異動になって「だったら辞めます」という人もいますが、転職するなら経理がわかる営業のほうが市場価値は高い。

もし、私がアドバイスを求められたら、「会社が経理の勉強をさせてくれて、そのうえ給料までくれるのだから、こんなチャンスはない。辞めるのはそれからでも遅くないんじゃない」と言います。

できる人はテレビを観た後にメモを取る

勉強をしないまま人生を送るとどうなるでしょうか？

一見、苦しい思いをせず、気軽でラクな生き方のように思います。

ところが、勉強する意識がある人とそうではない人では、大きな違いがあります。

たとえば、テレビで同じドラマを観ているとします。勉強する意識のある人は、登場人物の心理状態や時代背景などを想像しながら、この物語が何を伝えようとしていて、どこに自分の知らないことがあるか、まさに何が得られるかに注目して観ます。

勉強する意識のない人はどうかというと、出演している俳優の見た目やロケ地がどこかに注目して、ただ楽しかった、おもしろかっただけで終わってしまいます。

この例は極端かもしれません。しかし、意識しているか意識していないかでは、同じものを観ても、これだけ大きな差があることを理解してほしいのです。

実際に勉強をしている人は、あまりテレビドラマを観ないかもしれませんが、おそらく観終わった後に感想をまとめて、使える言葉や気に入った考え方をノートにメモするかもしれません。録画して何度も繰り返して観る教材にしてしまうかもしれません。一晩寝たら忘れてしまうのとでは、大きな違いがあるのです。

勉強をしないままだと何も得るものがなく、残るものもありません。おもしろいもの、おかしいもの以外は何を観ても聞いても、くだらないものにしか感じないでしょう。

心が動くことを感動と言いますが、**勉強をしないと感動する幅が狭く、浅いままになる**のです。

自分が知らないことはいくらでもあります。ということは、**勉強するジャンルは無数にある**ということです。生きている限り、成長するチャンスに、いつでもどこでも囲まれながら暮らしていることになります。

このチャンスを活かせるか、そのまま見送るか——。自分が意識することで、大きな違いが生まれることを忘れないでください。

勉強が苦痛でなくなる「ちょっとした工夫」

勉強ばかりすることがつまらないと思う気持ちもわかります。

私も朝から晩まで年中勉強ばかりしているわけではありません。普通の人間なら当たり前です。まったく何も考えていない時間がありますし、ついダラダラと過ごしてしまうこともあります。

でも、そうした時間はできるだけ、少なくしたいとはいつも思っています。

そこで、おすすめしたいのが、**勉強をゲーム化する**ことです。

たとえば、勉強時間をポイント化してしまい、1時間勉強したら1ポイントといった具合です。

さらに、ボーナスポイントとして、集中度を高く保って勉強できたら、そのレベルに応じてポイントを2倍にしたり、3倍にしたりします。

また、試験の点数や合否の結果もボーナスポイントに換算できます。毎週あるいは毎月の集計を取って、目標のポイントに到達したら、用意しておいたご褒美をもらえるようにします。

ご褒美を与えるポイントについては、第3章で触れましたが、遊びの要素を盛り込むことで、勉強時間を楽しみにする工夫ができるのです。

自分流の勉強法を見つけるヒント

誰でも「これさえやっておけばいい」というような勉強法を私は知りません。

勉強法の詳細について、お伝えしてきましたが、最終的には自分流の勉強法を作り上げるようにしてください。

私にできることは、読者のみなさんがそれぞれ自分流の勉強法を見つけるためのヒントを提供することです。

ただし、どんな勉強法にも、共通していることが2つあります。

1つは**「簡単には結果が出ない」**ということです。

結果が出るまでに時間がかかると、人間ですから、ついつい気が緩んで勉強をさぼりがちになってしまうものです。

ですから、もう1つの共通点は**「あきらめない」**ことです。

どんなに優れた勉強法も途中で勉強することをあきらめてしまったら、絶対に目標は達成できません。勉強のコツは気長にコツコツ、あきらめずに続けること。

一流のアスリートは、毎日コツコツと筋トレをしています。地道な練習はソコソコにして、競技とは関係のない遊びに熱中していると、やがてイマイチな結果になってしまいます。

勉強も同じです。1日くらいさぼったところで、明日のパフォーマンスには影響はないでしょう。しかし、**来年、再来年、そして10年後の目標のために、努力を続ける**のです。才能が尽きたときに慌てても取り返しがつきません。まして、私のような大した才能もない人間は、手を抜いた瞬間にどんな結果が突きつけられるか、簡単に想像できます。勉強もせずに、給料が安いなんて言ってはいけない。コツコツ努力もせずに、起業するのは無謀です。

コツコツ勉強するなんて、決してラクではありませんが、しっかりとしたロードマップを持っていれば大丈夫。目標に向けた勉強をすぐにはじめて、あきらめずに続けましょう。やがて、大きな成果が必ず現れることは間違いありません。

「慣れたやり方」なんか、捨ててしまおう

勉強というテーマにおいて、「あきらめない」ことは、とても重要な部分なのでもう少し話を続けます。

成功の反対は何でしょうか?

それは、失敗ですね。では、どうすれば失敗するのでしょう？

勉強しなかったから——。その通りです。ところが、誰でも勉強したのに失敗したことがあるのではないでしょうか？

そうすると、勉強が足りなかったから、あるいは勉強をコツコツ続けなかったからでしょうか。

それもありそうです。しかし、もっと簡単に失敗する方法があります。

それは、何もしないことです。**何もしなければ確実に失敗できます**。試験には合格できませんし、知識もスキルも身につきません。

また、質問です。

何もしないで失敗したときと勉強したのに失敗したときでは、一体何が違うのでしょうか？

結果的には、何もしないときも勉強したときもどちらも同じに感じるかもしれません。

ところが、プロセスが圧倒的に違います。**勉強したというプロセスが重要**なのです。

何もしない人には、絶対に成功はやってきません。たまたま宝くじが当たった人を見ると、まるで成功したように見えますが、それは成功ではありません。ただ、ついているだけです。成功したように見えるのではなく、羨ましいだけなのです。

私は、何度でも繰り返しできることが成功ではないかと考えています。だから、自分の力で何度も繰り返し当てることができない宝くじは成功ではないのです。

勉強したのに失敗したケースでは、裏を返せば、失敗するパターンがわかったという見方もできます。「もっと勉強する」「もう少し粘り強く勉強する」ことで、次は成功するかもしれません。

ここが大事なポイントです。

人間は、誰しも失敗します。そこであきらめずに、**失敗から何を学んだのかを受け止めて、勉強を続ける**のです。勉強をしていれば失敗からでも学べるということは、自然と理解できるでしょう。

勉強している途中で挫折することがあったら、最初に戻って何のために勉強するのかを思い出してください。そして、ロードマップに戻って、あきらめずに努力を続けるのです。

人は基本的に変化が嫌いです。何かの問題が起って、同じやり方では問題の解決はできないとわかっていても、そのやり方を変えようとする人はごく稀です。

大多数の人は解決できないとわかっていながら、そのやり方を繰り返してしまいます。

なぜなら、たとえ間違っていても慣れたやり方のほうが、新しいやり方を試すよりずっとラクだと感じるからです。いつでも変化を歓迎するという人はごくわずかしかいません。

しかし、もしみなさんが勉強すると決めたのであれば、そのごくわずかな人の1人になってほしい。**今までのやり方ではなく新しいやり方に、今までの考え方ではなく新しい考え方に、チャレンジする人になってほしい**のです。

すべて、みなさんの決断にかかっています。

やると言ったら絶対にやる――。

そして、**やると決めたのなら成功するまであきらめない**ことです。

エピローグ　「よかった教」のススメ

勉強や仕事をしていくうえで、**「信じる力」はとても大事**なことです。

そして、最初に信じるべき相手は自分自身です。「大丈夫」「やればできる」という自信があれば、最初の一歩を踏み出せます。最初の一歩を踏み出せたということが自信になって、前へ前へと進んでいけます。


また、自分を信じられない人は、人のことも信じられません。

自分を信じることと尊大になることは違います。尊大さは、人を信じたり、その人のよさを認める眼を曇らせてしまいます。

できないことを素直に認める謙虚さがあるからこそ、できることに自信を持ち、自信があるからこそ、強い意志を持って自分の夢に人を巻き込むことができるのです。

信じる力は、人を見極めたり、動かしたり、育てたりするベースになるものです。

私は「志の高さ」「志の強さ」に加えて、この「信じる力」を重要視しています。

事業がなかなか軌道に乗らなかったとき、どこまで自分と事業の可能性を信じて耐えられるか——。

成長曲線は、あるポイントでグッと角度がついて、そこから急カーブで伸びていくものです。でも、そのポイントがいつやってくるかは誰にもわかりません。

いつくるかわからないブレークスルーを本気で信じて、一点集中で全力投球できるかどうかは、事業の成否を占う重要な鍵の1つです。

社長としてメンバーを統一する際も、また**社長自身にとっても一番大切なのは、やはり感謝の気持ち**だと思います。感謝の気持ちがなければ、運も縁も人も引き寄せることはできません。

生かされていることに感謝し、感謝の気持ちを持って人と接しながら、今、自分にできることに全力投球することが大切です。

感謝する習慣を身につけた人は強い――。

私は、そのことを保険会社時代の先輩に教えてもらいました。トップセールスだった先輩には、仕事のノウハウをたくさん教えてもらいましたが、一番勉強になったのは、彼がはじめた『よかった教』です。

怪しげな新興宗教ではありません。何があっても「よかった」と思う。常に物事のよかった部分に目を向け、感謝する習慣をつける。

それが『よかった教』――。小さなことですが、そのメンタル効果は絶大です。

何があってもヘコまない。物事のプラス面をとらえ、ポジティブなところから次の一歩を踏み出せる。事故に遭ったときもそうでした。

大型トラックにぶつけられて、買ったばかりの車を大破させたとき、事故直後の車の中で私は本当に「よかった」と思いました。

生きていてよかった。誰もケガをしなくてよかった。子どもを乗せていなくてよかった――。そして、**「よかった教の習慣が身についていて、本当によかった！」**と思いました。

また、**「感謝の気持ち」は、「自分を強くする」もの**です。

メンバー1人ひとりが感謝の気持ちを持ち、それを普段から声に出して伝え合っていれば、気持ちよく仕事ができます。

物事のプラス面に目を向けて感謝できるということは、本人の成長にも、チームのアウトプットを最大化するという意味でも、非常に重要なことです。

日々のちょっとしたことにも、ちゃんと感謝できる――。

そのベースになるのは、やはり**親への感謝**だと私は思います。

愛するパートナーやたくさんの仲間に巡り合えたのも、仕事ができるのも、両親がいて、自分を産み育ててくれたから。

「仕事が忙しいから、そのうち時間ができたら……」ではなく、たとえば初任給やボーナスでちょっとしたプレゼントを買って、日帰りでもいいから里帰りをする。「たくさん稼げるようになったらラクをさせたい」ではなく、今できることをする。

もちろん、**日々支えてくれているパートナーに対する感謝**も同様です。

こうした家族への感謝は、会社としてもサポートしていくべきだと私は考えています。たとえばパートナーの誕生日にメッセージを添えて会社から花束を贈る、ささやかなパーティーを催し、パートナーやご両親をお招きする……など。

勉強することによって、自分の能力を向上させる鍵となるのは、やはり「感謝の気持ち」です。

今までの自分の知識と異なる知識にも耳を傾け、「ありがたい」と思って感謝することで、自分の実力をどんどん向上させてください。

２０１０年２月

池本克之

◎参考文献

『成功する人がもっている7つの力』（中経出版）　石井貴士・著
『「仕組み」仕事術』（ディスカヴァー・トゥエンティワン）　泉正人・著
『「残業ゼロ」の仕事力』（日本能率協会マネジメントセンター）　吉越浩一郎・著
『できる人の超★仕事術』（中経出版）　高城幸司・著
『もっと効率的に勉強する技術！』（すばる舎）　高島徹治・著
『すごい「勉強法」』（三笠書房・知的生きかた文庫）　高島徹治・著
『戦略的な人の超速★仕事術』（中経出版）　西村克己・著

上場請負人と呼ばれる
プロ経営者が書いた
社長の勉強法

発行日 2010年4月2日　第1版第1刷
2010年5月27日　第1版第2刷

著者　池本克之
デザイン　渡邉民人＋荒井雅美（TYPEFACE）
編集協力　森秀治
編集　谷口暢人
発行人　高橋克佳
発行所　株式会社アスコム
〒105-0002　東京都港区愛宕1-1-11　虎ノ門八束ビル7F
編集部　TEL：03-5425-6627
営業部　TEL：03-5425-6626　FAX：03-5425-6770
印刷　中央精版印刷株式会社

Printed in Japan ISBN978-4-7762-0599-9

著者エージェント　アップルシード・エージェンシー
（http://www.appleseed.co.jp）